発達の〈つまずき〉から読み解く
支援アプローチ

川上康則 著

学苑社

はじめに

　我が子の育ちに焦りを感じたり、不安におそわれたりする親は、決して少なくありません。「うちの子、大丈夫でしょうか？」と心配する親の気持ちを投げかけられたとき、保育や教育、育児指導などに関わる先生方はどのようにお話をされていますか。

　　「大丈夫、心配のしすぎですよ」
　　「様子を見ていきましょうね」
　　「子どもは自然と育っていくものです」

　厳しい言い方かもしれませんが、これらを「気休め」と言います。

　子育てや教育の専門家からこう言われた親のなかには、「気休め」のアドバイスであっても、我が子に向けた心配が思いすごしであったことに胸をなで下ろし、心新たに子育てに前向きに取り組める人がいます。子どものほうも、ごく普通の生活経験のなかで、自分で経験を積み上げていける子がいますから、結果的に「親の無用の心配」で終わることもありえます。

　しかし、周囲の理解と適切な指導・支援がなければ、自分からチャレンジして課題を乗り越えていこうとする力が発揮できず、経験が積み上げられない子もいるのです。「様子を見ましょう」と言われ、アドバイスをうのみにしたがゆえに、その時期に必要な発達課題が先送りされ、問題が大きくなってしまったケースに、私はたくさん出会っています。

「我が子の可能性を信じてあげられなくて、どうするのですか」
「ありのままの我が子を受け入れましょう」

　親としての心配を、こんな一言で一蹴されてしまったケースにも出会います。

　「ありのままを受け入れて」というアドバイスは、子どもの状態の把握を期待する親の気持ちに全く応えることができていませんし、子どもの育ちを心配する親ごころそのものを否定する、配慮に欠けたことばであると言わざるを得ません。「本当に我が子の姿を理解しているのだろうか？」と、強い疑念や憤りを抱いたと語る親の声も耳にしてきました。専門家としての力不足を悟られたくないがゆえの「言い訳」として使われてしまっているのかもしれません。

　では、我が子の育ちを心配する親が望むこととは、一体どのようなことなのでしょうか。

・我が子の育てにくさの「原因」を知りたい。
・これから先、どのようになってゆくのか「予測」を知りたい。
・今、何を、どのようにすればよいのか「方法」が知りたい。

　「これまでの子育ての苦労をわかってもらいたい」という親の気持ちに寄り添うことは言うまでもありません。しかし、専門家として、寄り添うだけの一時しのぎの対応では不十分であるように思います。子どもに関する適切な情報（原因や予測）の提供と具体策（方法）を示す必要があるのではないでしょうか。

　こうした一方で、学校や園での子どもの状況に目を向けようとしない親に

ついて、先生方からの相談の件数も増えてきています。本当は子育ての苦労を十分感じているはずなのに、それを周りから突き付けられたくないと思われるのか、なかなか相談の場に来てもらえない、と嘆く先生の声をたくさん耳にします。

親だからこそ「我が子のことは誰よりも理解している」と言いたい気持ちも理解できます。しかし、子どもの問題を指摘されることに無意識のバリアを張ってしまうことで、子どもの人生にとって大事な時期を逃してしまう危険性もあるのです。

「家ではできていますから」
「そのうちよくなりますって、○○先生に言われています」
「子どもなんて、みんなこんなもの」
「この子の父親も、子どものころこうだったから問題ないそうです」
「大人になれば自然になおると思います」

かたくなになっている親の口からよく聞かれることばです。なかには、年齢とともに子ども自身が獲得していくこともありますから、一概に間違いだと決めつけることはできません。しかし、目の前の子どもが今の状況に苦しんでいるかもしれないのに、何も手を講じなくてもよいと考えることが本当に最善の解決策なのか、もう一度考えてみてもらいたいのです。

学校に対する不満が多く示される最近の教育事情を考えると、先生が親に子どものつまずきを示し、一緒に考えてもらいたいと投げかけることはとても勇気のいることです。早めにできる限りの対応をしたいと考えつつも、相談をもちかけたことによって親との関係がこじれてしまうかもしれないという不安を抱えながら、受話器を手にする先生の気持ちを、どうか想像してみてほしいと思います。そして、その子の将来において、今すぐ手を打たなけ

ればという心配の声に耳を傾けていただきたいのです。

　あらためて言うまでもありませんが、子どもを取り巻く環境によって、子どもの育ちは変わります。親も、先生も、子どもへの理解を深めることができれば、子どもが伸びゆく可能性が高まるでしょう。私は、自分の仕事を通して、子どもに関わるすべての方々に、子育てや教育についての自信をもってもらいたいと願っています。

　本書では、27の具体的な子どもたちの姿を取り上げ、つまずきのサインの読み解き方と、指導や支援の具体的な方向性を示しました。「つまずきを読み解く」とは、その子に「できない部分を突き付ける」ことではありません。できないことやうまくいかないことの裏（背景）にひそむ、つまずきの原因に気づくことをいいます。

　つまずきの多くが、これまでは、「子どもなんてこんなもの」と気にも止められず見過ごされていたり、「だらしない、怠けている、やる気がない」などと誤解されていたりするものばかりです。子どものよりよい育ちのためにも、つまずきを読み解く視点を踏まえた子ども理解が必要です。

　本書が、手にとってくださった皆さんの子ども理解の視点を広げ、「育てにくさ」がいくらかでも軽減することに役立てていただければ嬉しく思います。

著　者

目次

はじめに　*1*

Part I
子どものつまずきを読み解くサイン…授業編　*7*

Case 1　じっと座っていることができず、姿勢が崩れやすい子　*8*
Case 2　授業中の手遊び・足遊びが多い子　*12*
Case 3　鉛筆の正しい握り方ができない子　*16*
Case 4　なぞり書きはできるのに、見ないで書くのが難しい子　*20*
Case 5　板書を書き写すのが苦手な子　*24*
Case 6　文字が枠からはみ出してしまう子　*26*
Case 7　授業中にカタカタと机や椅子を鳴らす子　*30*
Case 8　音読が苦手な子 ❶　*34*
Case 9　音読が苦手な子 ❷　*38*
Case10　授業妨害をする子　*42*
Case11　班での活動が苦手な子　*46*
Case12　授業についていけない子　*48*
Case13　授業中のおしゃべりが止まらない子　*52*

Column
「つまずきを読み解く視点」とは何か　*56*

Part Ⅱ
子どものつまずきを読み解くサイン…生活編　*59*

Case14　相手への関わりが強すぎる子　*60*
Case15　靴ひもがほどけたままでも平気でいられる子　*64*
Case16　友だちとのトラブルが絶えない子　*66*
Case17　友だちをわざと興奮させる子　*70*
Case18　こだわりが強い子　*74*
Case19　失敗をごまかしたり、勝手なやり方で周りを困らせたりする子　*76*
Case20　偏食がある子　*80*
Case21　ことばよりも先に手が出てしまう子 **1**　*84*
Case22　ことばよりも先に手が出てしまう子 **2**　*88*
Case23　わがまま、自分勝手な子　*92*
Case24　リーダーでいたがる子　*96*
Case25　ボンヤリしがちで自己主張が少ない子　*100*
Case26　キレやすい子　*104*
Case27　母親に手を上げる子　*108*

Column
「子どもを通して学ぶ」とはどういうことか　*112*

おわりに　*115*

参考文献　*117*

装丁・本文デザイン：有泉　武己
イラスト：小島　剛

Part I 子どものつまずきを読み解くサイン

授業編

Case 1

じっと座っていることができず、姿勢が崩れやすい子

　巡回相談で教室をたずねると、姿勢が崩れている子によく出会います。担任の先生からは、「何をするともなく、フラフラと動き回ることが多い」とか、「座っている姿勢がよくない」といった日々の様子から「落ち着きがない、集中力がない」という見方をされることが多いようです。

　実際に見せていただくと、たしかに、離席が多かったり、椅子に座っていても頬づえをついていたり、背もたれを肘かけのように使っていたり、机に伏せていたり、いつの間にか椅子の上に膝立ちになっていたりしています。場合によっては、座っていたと思った矢先に床に落っこちてしまうこともあります。多くの場合、常に先生から注意される対象になります。

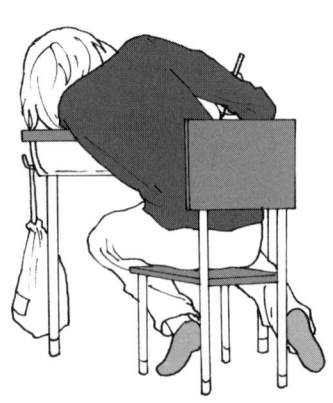

「気持ちがだらけている」「やる気がない」「根気がない」と思われるぐらいであれば、まだよいほうなのかもしれません。時には、「家庭でのしつけが悪いからだ」と姿勢の問題が家庭教育にいつの間にかすり替えられてしまっていることも少なくありません。

　短い時間しか直立できない、机にうつぶせ、床に寝転がることが多いという様子を、見た目の行動だけで判断せず、頻繁に離席せざるを得ない背景には何らかの要因があるのだと考えてほしいと思います。

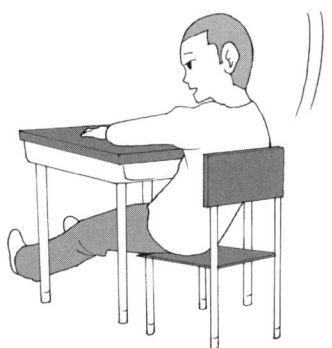

　私は、座っている姿勢が維持できない背景には、以下のつまずきがあるのではないかと分析します。

①バランスの崩れを感じ取る感覚がうまく働いていないため、姿勢の維持や調整に気を配りづらい。
②身体の筋肉の入れ方や、関節の動きを感じ取る感覚がうまく働いていないため、体の動かし方の細かい調整が難しい。

　これは、不安定な状態を保ちながら回るコマのようなものだと考えるとわかりやすいかもしれません。動きながらなんとかバランスを保ち、フラフラ

Case 1

し始めたと思ったら、一気に回転をやめ横たわる……そんなイメージです。決して、「だらけたい」わけでも、「やる気がない」わけでもありません。感覚の使い方や出力部分につまずきがあるために、そう見られてしまいがちなのです。特に、前述の②のようなつまずきを「低緊張」と呼ぶこともあります。

「低緊張」が原因で起きやすいつまずきは、姿勢の保持だけではありません。その影響の範囲は、行動面や対人関係にまで及びます。

> ・何をやっても動きがぎこちない、不器用
> ・行動ががさつ、物の扱いや人への接し方が乱暴
> ・怠惰であるといった誤解から叱責を受けやすい
> ・相手のペースに折り合いをつけづらい
> ・集中が持続しにくい

さて、具体的にどのように育てていけばよいでしょうか。

離席が多い子であっても、常に「不適応」な子ではありません。短い時間だけなら集中できる、得意な科目のときには他の科目より乗り気、楽しみな給食の間は落ち着いているなどの様子を見せてくれると思います。45分まるまる集中させようと考えず、5～10分のまとまりを作って、「短時間の集中を小分けにするタイプ」の授業を目指すというのはいかがでしょうか。

> ①1枚にまとめられるプリントでも、あえて小プリント4枚くらいに分ける（1回の作業時間を短めに設定できる）。
> ②動きたくなってしまう子に、教材配布などのお手伝いの役目を設定す

> る（さりげなく動いてよい時間を設ける）。
> ③教科書の必要な部分だけを小分けにプリントにして配布する（読む分量を少な目に設定する）。
> ④「〇分まで頑張ろう」と、終わりの時間を事前に示す（見通しをもたせる）。

このほかに、姿勢の維持の仕方、筋肉の入れ方、関節の動かし方に自分で気づけるよう、背中で手を組む姿勢をこまめに作るのもよい工夫でしょう。

ことばで「姿勢が悪い！」と注意しても、どのような姿勢をとれば先生が納得するのかよくわからない子も多いのです。大切なのは、自分で「姿勢の崩れに気づく」ように仕組みを作ってあげることです。

また、姿勢の悪さを取り上げて叱るよりも、姿勢のよい場面を見逃さないで「今の姿勢、いいね」とさりげなくほめことばを添えている先生もいます。そんな先生のもとでは、子どもたちも活き活きとした表情をしています。

これからの教育に求められるのは、子どもの抱えている問題とその原因を知る努力をし、授業に活用することだと思います。

Case 2

授業中の手遊び・足遊びが多い子

　巡回相談の依頼で、「授業中の集中が持続しない」という相談内容はとても多くの割合を占めます。そのなかには、動き回っているとか、おしゃべりが止まらないというような興味・関心の転じやすさを含むこともありますが、ここで取り上げるのは、「目的をもった行動がなかなかできない」という要素が強い子どもたちです。

　授業中の様子を拝見すると、確かに先生や黒板に注目する時間が短く、席についてはいるけれど、机上の文房具で遊んだり、ノートに落書きをはじめたり、教科書のページは授業と関係ないところを開けていたりと、いわゆる「手遊び」をする時間が圧倒的に多いのに気づかされます。

また、足をブラブラさせたり、机のサイドにかかっている体育着の袋をけったりといった「足遊び」をする子もいます。椅子を後ろに大きく傾けて、椅子の足を2本にした状態で「傾き遊び」をしている場合も、手遊びと同じ状況だと思ってよいと思います。

　今はこれをするべきなのだ、と「行動を抑制する機能」は次第に成長していくものですが、学年相応に育っていないと、授業中の注意の持続時間の短さが目立つようになります。

　こうした授業中の手遊び・足遊び・傾き遊びの多くを、私は「自己刺激的な行動」として分析します。自己刺激的な行動とは、自分の身体の感覚に何らかの刺激を加えて、それを楽しんでいる状態のことをいい、半ば無意識的に行なわれます。やるべきことがわかっている場面ではそれほど出ないのですが、ただ聞かされている、何をすべきかよくわからない、つまらない、興味がないなどの場面で出やすいという特徴があります。

　「感覚への何らかの刺激」とは、どんなことをいうのでしょうか。たとえば、鉛筆かじり。これは、歯やその周辺の筋肉にかかる鉛筆の反発力、手にかかる触覚的な圧力を無意識的に楽しんでいます。

Case 2

　椅子を使った傾き遊びであれば、揺れや傾きを感じる感覚（前庭感覚といいます）と、おしりやおなかの周囲の筋や関節の位置を調整しようとする感覚を使って楽しんでいる状態であることを把握します。机のサイドにかかった体育着の袋を繰り返しけっていると、けったときに足に伝わる感覚と、振り子のように袋が戻ってきて足にあたる感覚を、循環的に味わっている状態になります。

　こうした自己刺激的な行動の多くは、あまり周りに迷惑をかけないため、先生から見過ごされがちです。しかしながら、子どもたちも無意識的に行なっていることが多いため、その状態から自分の力で抜け出すことがなかなかできません。

　自己刺激的な行動は、子どもたちの示すサインの1つです。授業内容が難しい、何をすべきか明確でない、ただ聞かされているだけなので退屈……そんなことを先生に訴えかけているのだと理解するとよいと思います。

対応の方向性は２つあります。１つ目は、何をすべきか"明確に"示すこと。先生が明確に示したつもりであっても、その子たちに伝わらなければ示したことになりません。時にはことばだけでなく、文字や図にして示すこと、近くで手をとってあげることも必要でしょう。自己刺激的な行動は、やるべきことがわかる場面では出にくいので、その子が自分に課せられた「課題」であると感じる工夫が大切です。そのための机間巡視も工夫の１つになります。

　２つ目は、今している活動（特に、先生のお話）を早々に切り上げるということです。授業で「聞かされる」時間が長いのは、ただでさえ退屈なものです。自己刺激的な行動は、特別な支援が必要とされる子どもたちに出やすいのですが、それを見逃したまま授業を進めると、ほかの子どもたちもはじめ出します。切り上げ時を見きわめて、早めに対応することが必要です。

　今回取り上げた自己刺激的な行動は、子どもを理解するための「サイン」の１つです。見方を変えれば、指導場面の切り替えのチャンスのサインとして見直すこともできます。手遊びを、叱る対象としてとらえるよりも、自らの指導に何かが欠けていることが原因かもしれないという"リフレクション（指導の振り返り）"の視点として役立てていただきたいと思います。

Case 3

鉛筆の正しい握り方ができない子

　巡回相談で小・中学校を回ってきた経験の範囲で言わせていただくのですが、少なくともクラスの２割以上、多いところでは半数以上の子どもたちは鉛筆を正しく握ることができていません。正しい鉛筆の握り方ができていない子がとても多いので、鉛筆の握り方が授業中の姿勢にどんな影響を与えるか、考えてみたいと思います。

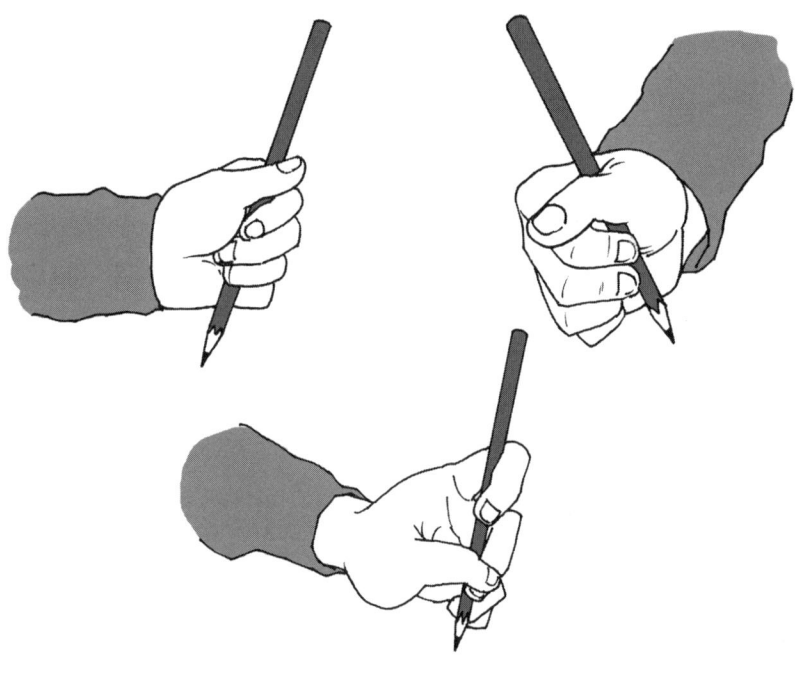

子どもたちは、鉛筆の持ち方の正しさなどあまり気にならないのかもしれません。周りの大人（先生や保護者）も、書かれた文字が正確で形が整っていることのほうが重要で、鉛筆の握り方などそれほど大きな問題だと感じていないのかもしれません。ところが、これが授業姿勢や学習態度と大きく関係があるとしたら、いかがでしょうか。

　確かに、鉛筆の正しい握り方（専門用語では「動的三指握り」と言います）ができていなくても文字を書くことはできます。ところが、そのことが原因で姿勢が崩れやすくなるという事実はあまり知られていません。

　正しい握り方ができていない子の多くは、イラストのように親指の付け根で鉛筆を強く握りこむようにしています。そのような握り方をすると、手首を柔らかく使うことができません（読者の皆さんも試しにやってみてください）。そのため、きれいな文字が書きづらくなるばかりか、握っていることに疲れて集中が途切れやすくなります。

　また、この握り方ではペン先が手の陰に隠れて見えません。ペン先を見ようとするために、身体を左に（左利きの子の場合は逆方向に）傾けて、横方

Case 3

向からペン先を見ようとします。姿勢が崩れるだけではありません。左腕が、身体を支えようとするために机上に大きく乗ってしまうため、プリントやノートの大部分のスペースが左腕に大きく隠れます。

　この状態のまま書くためには、プリントを斜めに置かなければなりません。姿勢の崩れがさらに助長されます。姿勢が崩れれば、先生のことばにも注意を向けにくくなるのです。

　鉛筆を正しく握る（動的三指握りをする）には、実は、小指・薬指が正しく働いているかどうかが重要になります。手先を器用に動かすことができるようになるには、「固定する・支える・握る」といった支持機能を支える小指〜中指までの3本と、「つまむ・動かす・操作する」といった操作機能を支える親指〜中指までの3本（中指は重複しています）が、発達のプロセスで協応、分化している必要があります。小指と薬指をしっかり握りこめていることが、親指〜中指の3本指の器用さを支えているのです。

鉛筆、はさみ、箸……、3本指を操作する場面では、小指と薬指は無意識・無自覚的に握りこむ形になっているでしょう。鉛筆を正しく握るためには、鉛筆に触れる3本指以上に、鉛筆に触れていない小指と薬指が大切だと言えます。

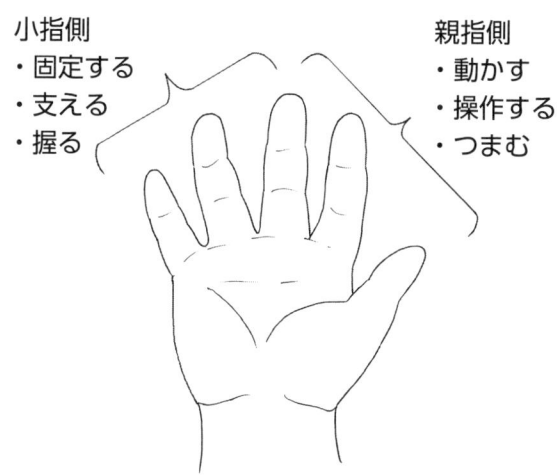

小指側
・固定する
・支える
・握る

親指側
・動かす
・操作する
・つまむ

　対症療法的には、その場で鉛筆の握り方を修正してあげることが大切です。根本的な対応を考えるとなると、うんていや上り棒、綱ひきなどの運動を設定しながら、小指・薬指を使う経験の乏しさを補ってあげる必要があるでしょう。

　お手玉や竹馬、けん玉遊び、木登りといった昔遊びのなかにも、薬指や小指側をしっかり使い込む要素が入った遊びがたくさんあります。

　看過されてきた鉛筆の握り方……。乳幼児期に身体を使った遊びこみができない現代の子どもたちの発達課題の象徴だというのは言いすぎでしょうか。

Case 4

なぞり書きはできるのに、見ないで書くのが難しい子

　小学校1年生になると、ひらがな、カタカナの学習とともに、漢字の学習がはじまります。それから中学校3年生までの間に、実に1,945字の漢字の読み書きを習得することになります。9年間という時間をかけて、1,945の文字パターンを見分ける力と書き分ける力が育つ、というわけです。

　小学校1年生では80字、2年生では160字ですから、低学年の2学年の間に、少なくとも240のパターンの違いを見分け、書き分ける力が必要になります。

　間違い探しゲームを思い出すとイメージがつかみやすいと思いますが、違いに気づくためには、文字全体の形を把握しながら部分的なポイントにも着目する力が必要です。そのため、見たとおりの文字の形を認識する力や、見なくても思い出せる（再構成する）力が弱いと、字を書くことにもつまずきやすくなります（たとえば、「人」と「八」と「入」は、ほぼ同じ要素の2つの線分でできています。全体がどのように構成されているか、部分的にどこに違いがあるかを瞬時に見分ける力が求められます）。

　また、「この文字を書くにはこういう書き順で……」という運動想起の力が弱かったり、実際に書く動作を再現する力が弱かったりする場合も、字

を書くことに苦手意識を感じてしまいやすくなります。疑似体験をしたい場合は、利き手と反対の手にペンを持って、字を書いてみてください。きれいに書こうと意識しても、利き手ほど手がいうことをきいてくれないのがわかると思います。頭の中に文字のイメージがあっても、思った通りに字が書けないという状態はフラストレーションがたまります。

　新しい漢字を教えてすぐにできる子どもがいる一方で、書く際の注意ポイントをいくら教えてもなかなかできない子どもがいます。そうした子どもたちに「頑張ればできる」「繰り返せば習得できる」と励ますのは、「杉林に行って頑張れば花粉症が治る」と言っているようなものです。学習すること自体への苦手意識、もっと深刻な場合は、そんな指示を出す先生に対する苦手意識が高まってしまいます。逆に、上記の力のどこかにつまずきがあって、結果的に書けないという事態に陥っているのだと理解すると、指導の幅が広がります。

　具体的な手立てとして、以下のような覚え方の工夫が必要です。

①一画ごとに「運動の方向」や「イメージが浮かびやすい形」を言語化しながら練習する。

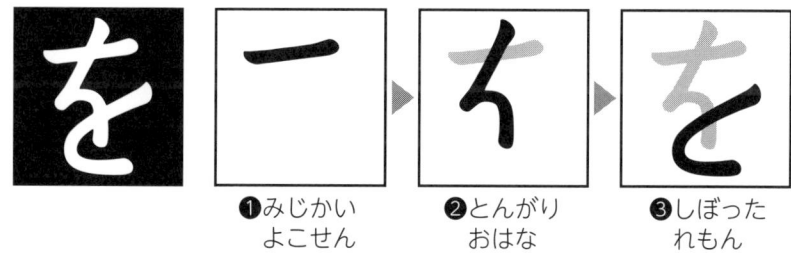

❶みじかい よこせん　❷とんがり おはな　❸しぼった れもん

Case 4

②部首の組み合わせを「おひさまの右側に青空を書くと晴れ」といったように、それぞれの部首の位置関係がわかるような言語化をしながら練習する。

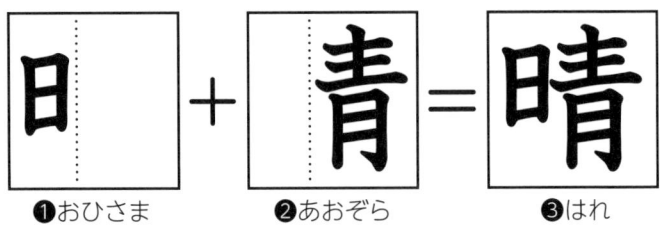

❶おひさま　　❷あおぞら　　❸はれ

③漢字成り立ちカードを示し、もともとの意味を視覚的にイメージしながら、大まかにとらえて練習する。

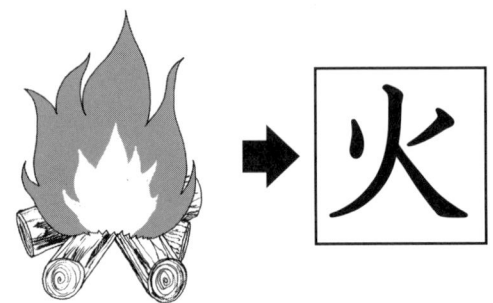

　ところで、①〜③のような工夫をしても、なぞり書きからなかなか卒業できない子がいます。どのように手指を動かしてよいか、体を思うように動かす感じがわからないのだろうと推察できます。簡単に言ってしまえば、頭ではなく体の運動感覚（キネステーゼ）のイメージがわかないため、「できそうにない」と思ってしまうのです。この場合は、その子の正面から手をとって、動かし方を教えてあげる必要があります。こうすれば鉛筆の握り方も修正できますし、どこを見ればよいのか、目の使い方も教えてあげることができます。

巡回相談で授業の様子を拝見すると、「なぞり書き」から「見ないで書く」の間の手立てを身につけている先生がほとんどいらっしゃらないことに気づかされます。最近では、校内研修などの場で、どのように手をとり、どのように動かせば効果的かをお伝えすることが多くなってきました。

　ある小学校に、研修の1週間後に再度うかがったとき、1年生の担任の先生が笑顔で報告にきてくれました。「びっくりしました。ものすごくきれいな字を書くようになったんです！」　先生も手をとって指導することが楽しくなったそうです。

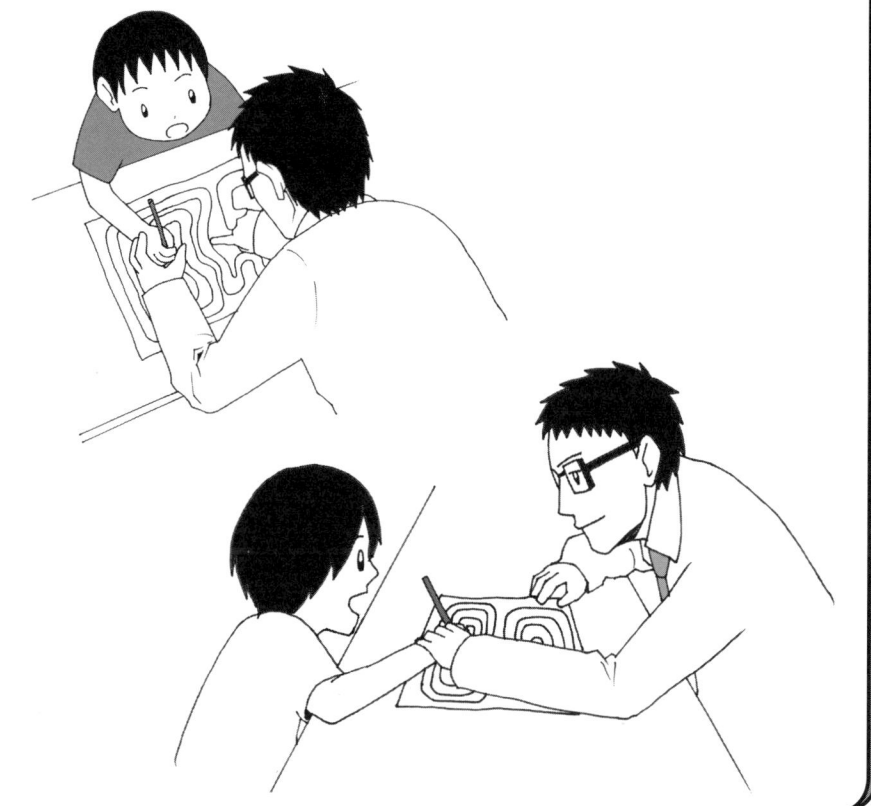

Case 5

板書を書き写すのが苦手な子

　小学校1年生の教室では、先生方もしっかりと板書を書き写す時間をとってくれます。しかし、一通り文字の学習を終えたころには、そのような全体的な配慮が少なくなるため、2年生になって急に「この子は板書を写すのができない」という先生からの相談が増えます。「ノートをとろうとしないので困る」と話す先生も少なくありません。

　「板書を書き写す苦手さ」の背景には、実は、その子がどんなことに困っているのかを読み解くサインが隠されています。

①先生の話を聞く・黒板を見る・ノートに書く、といった複数の作業の同時進行が苦手で、書き写すのに時間がかかる。
②前方の黒板と、手元のノートの「視線の往復運動」が苦手で、どこを書き取っていたのかわからなくなってしまう。
③教室内の掲示や周りの友だちの動きに興味が向いてしまう。
④見たものを覚えておける範囲が少ないので、何度も黒板を見なければならず疲れてしまう。
⑤記憶の保持の時間が短いため何度も黒板を見なければならず疲れてしまう。
⑥物事を全体的に考えることが苦手で、局所的なところばかりに目が向いてしまう。　　など

こうした背景があるとすれば、書き写すのが苦手なのも無理はありません。でも、子どもたちは、自分自身にこんなつまずきがあることを多くの場合知りません。そのため、必死でやっていたノートテイクが、やがて悩みの種になり、苦痛と写しきれなかった挫折感が大きくなるにしたがい、いつの日か「ノートをとらない」ことに行き着いてしまったという子もいるかもしれません。

　さて、支援の具体的な事例です。写しやすい板書を心がけている先生方は、以下のような配慮をされています。（　）に、それぞれの支援の根拠を示しました。方法を考えるときのヒントにしてください。

①量は少な目、小分けにする（高い山の登山よりも、低い山の登山のほうが気持ちが楽）。
②行間をあける（視線の往復の間の「行飛ばし」を防ぐ）。
③強調したいところは枠で囲む（注意をひきやすくする）。
④ことばや文章は短く（記憶しやすい）。
⑤事前に短冊を用意する（先生が書く時間を減らせば子どもが書く時間を長めにとれる。また、チョークで書かれた文字より貼り付けた短冊のほうがコントラストが高く、注目しやすい）。
⑥席は近くにする（視線の移動が少ないし、先生が近くに寄って読みあげることもできる）。
⑦「話を聞く」／「ノートに書く」の時間を分ける（ノートを書く時間は、先生も黙ってあげる）。
⑧乱雑な字でも書いたことを認める（苦手な子にとっては、綺麗さよりも達成感が重要。細部に気をつけて丁寧に書く指導は別の機会に行なう）。
⑨得意な教科から書き写す量を増やす（好きな教科なら、モチベーションも高い）。

Case 6

文字が枠からはみ出してしまう子

タイトルとしては単純に「文字が枠からはみ出す」とありますが、はみ出し方が大きい子ほど、文字を書くこと以外のさまざまなつまずきがセットになっていることが多いようです。

まず「態度」の問題。落ち着きがない、1つの姿勢を保てない、だらけているように見える、集中が続かない、気が散りやすいなどの問題がセットになっています。

次に「行動」の問題。高いところが極端に好きだったり、飛び降り遊びが続いたりするため、一見元気がよいように見えますが、遊び方はワンパターンで、工夫や発展的な遊びに参加したがりません。

そして「生活」の問題。不器用なうえに手を使うときに手元をよく見ようとしません。道具を上手に使えないし、一つひとつの動作に時間がかかります。「早くして」などと叱られることが多いようです。

さらには「対人関係」の問題。ことばの問題がなく理解力はあるはずなのに、ルールからはずれてしまったり、相手の話に耳を傾けていられなかったりすることがあります。

最後に「学習」の問題。筆運びに安定感がなく、字の大きさや形が整いません。筆圧が弱い、丁寧さが少なくゆっくり書けない、ササッと書きあげてしまい確認をしない、などの特徴も多く見られます。

　こうした行動特徴はなぜ起きるのでしょうか？　もう少し踏み込んでみると、実は、その子たちの目の運動機能が十分働いていないといったつまずきが存在することがわかってきました。目の運動機能とは、動くものを目で追ったり、ピント合わせが素早くできたりといった、眼球の動かし方のことを言います。この目の運動機能には優劣があります。ほとんどの子どもは、日常生活の中で目の運動機能を育てることができるのですが、素早く効率的に、かつ正確に目を運動させるためのトレーニングが必要な子もいるのです。

　２つの眼球が負担なく機能し、見ようとするものを正しくとらえているかどうかは、情報の取捨選択に大きく影響します。視力検査で「視力が1.5だから問題なし」と言われた子であっても、目の前を動くものの追視をさせると目がそれてしまったり、近づいてくる物に合わせて寄り目ができなかったりする子は少なからずいます。目は、学習場面だけでなく、生活全般で使われますし、状況理解（今、何が起きているのか把握すること）や対人関係（目と目を合わせて会話すること）でも重要な役割を果たします。文字が枠からはみ出してしまう子の多くが、眼球の運動コントロール力が育っていません。

　日本ではまだあまり知られていませんが、オプトメトリスト（視機能訓練士）という目の状態を見極める立場の専門家の方がいて、眼球運動のトレーニングの方法などについて情報発信をしてくれています。

　「目」の機能に関するつまずきのサインを先に紹介しましたが、実は

Case 6

　「目」は単独で機能しているわけではありません。その場で立って回転すると目まいが起きるように、「目が回る」状態には、「前庭感覚（平衡感覚とも言われます）」が大きく関係しています。前述のような、学習・態度・生活・行動・対人関係のつまずきがある子の中には、目をほとんど回さなかったり、逆に、極端に目を回しやすかったりといった特徴を示す子がいます。眼球の動きと、前庭感覚は互いに関係しあっているので、傾きや移動スピードを感じる前庭感覚のつまずきが原因で、眼球運動のコントロールが難しい子も多いのです。

　私が実際に把握している限りのデータですが、2009（平成21）年度の1年間に保護者と本人から直接相談があったケースのうち、「①文字が枠からはみ出る、②集中が続かない、③姿勢が崩れやすい」という3つの共通の悩みを訴えてきた子どもが17ケースありました。そのうち、16ケースはたくさん回転させても目が回らない子たち、例外の1ケースは非常に目が回りやすい子でした。

　私は、簡易的な前庭感覚のテストとして、回転イスに座ってもらい、10回転（1回転を2秒くらいのスピードで）回したあと、眼球運動がどのように現れるかを見るようにしています。通常であればこの程度でも十分に目が回ります。目が回ったときの眼球の動きをよく見ると、規則正しい細かな揺れ（これを「眼振」と言います）が数秒間続きます。目を回している（前庭感覚が働いている）という内的事実を、他者が確認できるわけです。

　ところが、上述の16ケースの子どもは、通常は出るはずの眼振が出ませんでした。本人に聞いても「目が回ったことなんてない」という子がほとんどです。一方、目を極端に回し過ぎてしまう子の場合は、2回転ほどですぐ

に眼振が出てしまい、回転をやめた後もしばらく眼振がおさまりませんでした。前者の子は、前庭感覚の機能が正常に働ききっていないため姿勢や運動の変化の感受性が鈍い状態、後者の子は前庭感覚が過剰に働き過ぎてしまっている状態と表現できそうです。どちらも「うまく機能していない状態」であるという点で共通しています。

　ほかにも前庭感覚の機能の状態を確認する方法として、「閉眼片足立ち」があります。目を閉じた状態で片足立ちしてもらうのですが、目を回せない子も、目を回しやすい子も、どちらもあまり長く立っていられません。すぐに上げていた足を床につけてしまったり、片足立ちのままケンケンをするようにその場から離れてしまったりします。閉眼片足立ちは、小学校に上がるころにはできる運動ですが、これが難しいという子が増えているという現場の声を聞くこともあります。

　前庭感覚がうまく機能していなければ、視力はよくても目の使い方がよくないということが往々にしておきます。小学校では、視写、模倣、観察など、見て学ぶ、見て書き写す、見て真似る、見て確認する、見て物の形や性質をとらえるなどの「見る」ことを基本とした学習場面がたくさんありますから、かなり無理をしながら授業に臨んでいるという理解をしてあげる必要がありそうです。

　周囲の理解だけでなく、その子の前庭感覚を育てるトレーニングを考えることも大切かもしれません。目が回りにくい子であれば、日常の遊びのなかでブランコやトランポリンなどの揺れや回転を感じる遊具の使用を多くし、大人が強めに揺らしたり、回したりします。ぜひ身近な専門家のアドバイスを参考に、遊びのなかに取り入れてみてください。

Case 7

授業中にカタカタと机や椅子を鳴らす子

いわゆる「貧乏ゆすり」のような、身体の一部や椅子を揺らすような行動は「落ち着きのなさ」の象徴のような形で取り上げられます。これらは、感覚への何らかの刺激を作りだす「自己刺激的な行動」であって、多くの場合無意識的に行なわれます。

「感覚って、どんな感覚？」と思われる方も多いと思います。一般にはあまり知られていませんが、「固有受容感覚（または固有感覚）」という感覚

です。いわゆる五感には含まれていないのでイメージしにくいと思いますが、ごくごく簡単に整理すると、関節の角度を調整したり、筋肉の張り具合を調整したり、骨に伝わる振動を感じたりする感覚のことを言います。五感よりも、もっと根っこにある感覚と言い換えてもよいと思います。

　今、この本を読んでいる方の多くは椅子に腰かけていらっしゃると思います。貧乏ゆすりのように、小刻みに足を揺らしてみてください。床を踏む小さな振動が、ふくらはぎや太ももの筋肉に伝わりますよね。その振動は、脚の骨にも腰回りの骨にも伝わります。脳でもその振動が「感覚に伝わっていること」を感じ取ります。足を置く位置は変えていないと思うので、床や椅子に触れている感覚（触覚）の変化はありません。視覚、聴覚、味覚、嗅覚のいずれも感知していません。このときに使われているのが「固有受容感覚」です。

　この「固有受容感覚」は生まれながらに備えている感覚で、無意識的に働くからこそ、人は、必要なときに必要な動作を自然にとることができます。たとえば、食事場面で、箸はこうやって持って、食べ物をこうやってつまんで、口に運ぶときにはひじをこの角度にして……、と考えながら食事することはありません。

　しかし、無意識的に働いてしまうことが逆に自己刺激的な行動を誘発しやすくなります。雨上がりの午後、傘を手にした小学生が学校のまわりに張り巡らされた柵に傘を当て、「カタカタカタカタ」と音をさせながら帰宅する姿を想像してみてください。あの行動がまさに固有受容感覚を使った自己刺激行動です。

Case 7

　こうした行動が授業中に出やすいということは、少なくとも、①自分がしている行為に注意を向ける「セルフ・モニタリング」の機能が弱い、②授業内容や課題に対し「注意」を向けきれていない、など注意の機能のつまずきを示していることが推察できます。注意機能のレベルを、携帯電話の電波のアンテナにたとえるならば、おそらくアンテナがほとんど立っていない状態です。自己刺激行動は、退屈しているときやぼんやりしているときに出やすいのです。

　注意する、止めさせるという指導よりも、この行動が出始める前に話を切り上げたり、本人のそばでそっと声をかけたり、肩に手をおいてあげたりしながら「気づかせてあげる」工夫が大切です。注意のアンテナがしっかり3本立ち、ハッと気づいてくれたその瞬間に「そうだね」と言ってあげると、自己刺激行動を自ら止めたことに気づくことができます。

ところで、「カタカタ」と音をさせることが多い場合、授業の進行の妨げになることから「問題行動」という見方をされてしまうことが多いようです。問題的な行動とみなすと、大人は止めさせたいと思うはずです。

　しかし、本人が自ら「この行動を止めたい」という意志に基づいて行動しなければ、なかなか止まないのではないでしょうか。

　行動の修正を求める場合には、ぜひ、本人の意志を大切にしてあげてください。大人が禁煙や禁酒を決意するときに、周囲の人間から言われるよりも一念発起して自らの意志で始めたほうが、きっと効果は大きいはずです。机や椅子をカタカタと鳴らすような自己刺激行動も同じです。

　「この行動をやめたい」と自ら感じ、「やめる」ことを自己目標にできるように上手に仕向けてあげてください。押しつけの目標よりも、きっとうまくいくと思います。

　「固有感覚」は、以下のページでも紹介しています。
・「身体の筋肉の入れ方や、関節の動きを感じる感覚」（9ページ）
・「おしりやおなかの周囲の筋や関節の位置を調整しようとする感覚」
　（14ページ）

Case 8

音読が苦手な子 ❶

　ここでは、音読が苦手で、読み飛ばしや読み間違いが多い子を取り上げます。

　読み間違いにはいくつかの特徴的なパターンがあるので、「音読が苦手」という一言でまとめるのではなく、どのような間違え方をするのかを整理することから始めます。たとえば、普段の音読の様子を丁寧に見ていくと、以下のように整理することができます。

> ・一文字ずつバラバラにして「フ、ジ、サ、ン」と読んでしまう。
> ・単語を別のことばに勝手に言い換えてしまう。
> ・ほかの行に飛ばし読みしてしまう。
> ・自分が読む順番になっていることがわからなくなってしまう。　など

　間違え方のパターンを理解した上で、つまずきの背景を考えます。

(1) 逐字読み

　一文字一文字たどりながら読む「逐字読み」は、文字を覚え始めた幼児期から低学年に表れやすいつまずきです。「あ」という文字を「a」と読むためには、文字に対応した的確な音を結びつける力が必要になるのですが、文字と音をスムーズに結びつけられないため、逐字読みの時期が長く続きます。

文字を書かせてみても「ゆっくり」を「ゆくっり」と書いたり、「におい」を「によい」と書いたりしてしまいます。

　この場合には、音と文字を結びつける力を育てるようにします。例えば、しりとり遊びは、単語の末尾の音を聞き取り、その音から始まる単語を探し出す力を育てます。

　そのほかにも、単語を逆から読み返す「逆読み遊び」や単語の真ん中の文字を抜き取って言い返す「中抜きことば遊び」、特定の音が何番目の文字にあたるかを答える「この音、何番目？クイズ」などが、音と文字を結びつける力を育ててくれます。

> 音と文字を結びつけることば遊びの例
> ①しりとり遊び
> 　　リ㋚ → ㋚ズ㋱ → ㋱ダ㋕ → ㋕ガ㋯　……
> ②逆読み遊び
> 　　コウノトリ → リトノウコ
> ③中抜きことば遊び
> 　　カラス → カス、タマゴ → タゴ
> ④この音、何番目？クイズ
> 　　「音楽」 → 「ン」は何番目？

　個別学習や家庭学習では、単語を聞かせ、そのことばを聞き取った音と逆に下から積み木を積み上げていくような「積み木遊び」がよいかもしれません（36ページのイラスト）。文字の構成要素を逆の順番に積み上げるため、文字の入れ替えを目と動作で確認できます。

Case 8

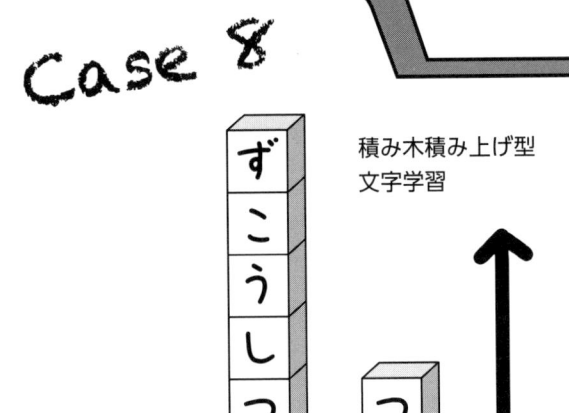

積み木積み上げ型
文字学習

(2) ことばの途中で切れ目が入り、つっかえながら読んでしまう

　音読の際には、単語のまとまりを見つけ出し、ひとまとまりのグループとして認識しながら読んでいます。ところが、ひとまとまりの単語を見つけ出すことができないと、そのことばの途中で切れ目を入れてしまうことが多くなります。

　そこで、ことばのひとまとまりを意識するスラッシュ（「／」のこと）を書き足して、「分かち書き」の工夫をすると、単語のまとまりを探しやすくなります。

　また、すでに知っていることばや日常的に繰り返し使っていることばは、比較的、目に留まりやすいことが知られています。その単語にまつわる過去のエピソードと結びつけて教えたり、実際に身体を動かしてイメージをもたせたりすると、単語のひとまとまりを抜き出しやすくなります。小学校高学年の国語の授業を見ると感じることなのですが、学習しようとする単元の初回の授業から音読をさせると、読み間違えたり、読み飛ばしたりする子が比較的多くいるように思います。ある程度、文章の内容が理解できたところで音読を導入するような丁寧さが求められるのではないでしょうか。

大人だって、初めて目にすることばや聞き慣れないことばは、スムーズに読めないことがあります。予備知識や経験の下積みがあると上手に話せるのと同じことですよね。

　そのような視点に立つと、つっかえ読みをすることが多い子であっても、その子が興味・関心をもっていることや、その子の得意分野について述べられた文章であれば、比較的スムーズに読める場面が増えると言えそうです。普段の何気ない会話から、その子が今、最も興味をもっていることがわかりますから、子ども理解のアンテナを常に張っておくことは音読の指導にも役立てられるはずです。

　長期的に考えると、語彙を増やす指導が有効になります。共通要素集め（例：キンギョやサンマは魚のグループ。サクランボやモモはくだもののグループなど）や、差異（例：タイヤとタイコ、どちらも丸いけれども、前者は回転するもの、後者は音が鳴るもの等）を整理していくと、単語どうしのネットワークができあがります。

　頭のなかだけでネットワークを作るのが難しい子もいます。年長〜小学校１年生のプリント教材には、語彙を増やす学習のヒントがたくさんつまっているので、この時期は取りこぼしが少なく済むようです。

　しかし、抽象的な意味の理解がより多く求められる小学校中学年以降になると、わからないことばがわからないままになることが多くなります。当然のことながら、音読のつまずきへの影響も考えられます。音読は、読みの問題だけではないことに、もっと気づいてもらいたいなぁと思います。

Case 9

音読が苦手な子 ❷

　音読が苦手な子のつまずきを読み解く場合には、その子の読み間違えの特徴を整理することが大切だと❶でお伝えしました。ここでは、❶で書き切れなかった音読の苦手さを考えてみます。

(3)勝手読み
　ある程度読めるようになってくると、私たちは、"次に続くであろうことば"を予測しながら読むようになります。

　たとえば、主語の次には「が」「は」などの助詞が続くだろう、とか、「おなかが……」と書いてあれば次は「すいた」「いっぱい」「痛い」などのことばが続くだろう、などと適切そうなことばを予測しながら読みます。

　単語のひとまとまりを見つける力がついてくると、予測に頼るあまり、勝手な思い込みが働き、違うことばに置き換えて読んでしまうという子がいます。これが「勝手読み」です。「作り読み」と呼ぶこともあります。国語以外の教科でも、文章題を細部まで読み込めなかったり、「こうに違いない」という誤った解釈をしてしまったりするため、わかっているのに誤答してしまうということが多いようです。

⑷文字飛ばし・行飛ばし

　文字や行がたくさん並ぶと、読むべき部分と、その隣の行にある文字が区別できなくなる子がいます。このつまずきがあると、文字飛ばしや行飛ばしが多くなります。

　視力検査では異常が見られることがなくても、物の見え方や、文字などの形のとらえ方に個性的なところがある、というつまずきです。

　近年、このようなつまずきがある方が、ご自身の見え方について紹介してくださることが増えてきました。見え方の特徴を整理すると、文字が歪んで見えたり、揺れて見えたりすると言われています。

　現在、建築家として活躍されている藤堂高直さんによれば、「文字が洪水のように目に一気に入ってきて刺激が強い」ことがあったり、「視野の範囲内に文字があちこちに飛んで行ってしまうように見える」場合があったりしたと報告しています。音読が嫌いな背景に、文字そのものの形の読み取りづらさが隠れていることもあるのです。

　見え方の影響は、文字を読む場面だけにとどまりません。以下のような様子も併せて見られることが多いようです。

・もらったプリントを半分に折る作業では、真ん中でピッタリと折り合わせるということができず、いつも角が合わない。
・脱いだ衣服をきちんと上手にたたむことができないため、体育の前の着替えが散乱してしまう。

Case 9

- 物の管理が苦手で、いつも物が散らかってしまう。
- 机のなかやロッカーに物を押し込むように入れるため、物の扱いが乱暴に見られてしまう。
- 落ち着いて学習や作業に取り組むことが難しく、コツコツ努力することが嫌い。
- できないことを隠そうとするため、わざとふざけたり、おどけてみせたりする。　など

少し話が広がってしまったので、ここで、音読の話に戻します。

行の末尾から、次の行の行頭に視線を移動させる際に、素早く的確な視線移動ができないことが多いため、1行ずつ目に留まるように工夫すると読みやすくなります。たとえば、1行文のスリットを開けた厚紙で作る「リーディングスリット」を使ったり、読み終えたところは栞や下敷きで隠したりしながら、読むべきところだけが見えるような支援ツールを使わせてあげます。こうすれば、余分な情報であるほかの行は、目に入らなくて済みます。

指でなぞりながら読む方法も、子ども自身が文字飛ばしを防ぐ工夫です。この場合、机に教科書を置き、安定した姿勢で音読させる配慮が必要です。

プリントの紙の色や、文字のフォント（書体）の用い方も重要な要素です。

　同じ文章でも、カラーのクリアファイルのようなフィルターを通してみると、文字が落ち着いて見えるようになり、読みの正確さを向上させる場合があります。プリント教材の多くは文字が白い色の紙に印刷されていますが、白色は膨張色なので、カラー用紙に同じ文字を印刷した場合よりも文字が小さく見えてしまうという特徴があります。また、蛍光灯の光を白色が反射させてしまうため読みづらくなるという特徴もあります。予算の都合が許せば、プリント用紙の地色をその子が読みやすい色に変えることも検討するとよいでしょう。

　文字のフォント（書体）についても考えてみるとよいと思います。使用されることが多い「明朝体」と「ゴシック体」を比較すると、横線が細い明朝体よりも、線の太さが一定のゴシック体のほうが目に留まりやすいと言われています。

　音読のつまずきについてのまとめです。音読が苦手な子は、「もっとしっかり見なさい！」「もう習っているはずなのに、なぜ読めないの？！」と叱られることが多いようです。頑張りを促すことは大切なことだと思いますが、努力が報われない背景を探ることなしに子どもを責めることだけは避けなければなりません。

　また、クラスメイトたちへの指導も大切な要素です。音読の際の失敗に対して寛容な態度をクラスの全員が抱くことができれば、音読が苦手な子の重圧感もきっと和らぐはずです。

Case 10

授業妨害をする子

　客観的なデータがないため、私が巡回したなかで見てきた経験則になってしまいますが、「授業妨害」は、学習規律をしっかり身につけさせたいというまじめな先生のクラスほど陥りやすい現象だと思います。

　先生は、そのまじめさゆえに、子どもたちの様子を「わざとふざけるわがままな子」「人を困らせる悪意のある子」と判断してしまいがちです。そのため、「ふざけた性格を修正させよう」「悪意を反省させよう」と一生懸命になります。実はここが落とし穴で、この方法ではまず学級経営がうまくいかないと思っていただいたほうがよいと思います。

　確かに、反省を促したり、行動を修正したりすることは、教育の重要な要素です。修正・反省といった方法が有効な子も多くいます。有効な子には、

「自己修正力がある」「再挑戦意欲がある」といった条件がそろっているのです。

　ところが、授業妨害をする子の多くが、「ボクにもっと注目してよ」という認められたい欲求が高い割に、成功体験が乏しく、うまくいかなくても自分なりのやり方で解決しようとしてまた失敗といった経験を繰り返しているため、自己評価が低い子であることが多いようです。そのため、失敗を分析して自分なりに次はうまくやろうとする「再挑戦意欲」や、うまくいかなかったことを素直に認め改めようとする「自己修正力」が弱いままなのです。

　修正や反省といった「成長の基盤の弱さ」を踏まえずに、「修正させよう」「反省させよう」とすれば、当然のことながら先生の目論見は"玉砕"することになります。

　あとには何が残るでしょうか？　「どんなに頑張ってもなおしようがない」といった徒労感、「これ以上何をやればいいのか」といったあきらめ感が積み重なります。それだけだったらまだいいのかもしれません。子どもたちからの「押しつけがましい先生だ」といった疎ましがられる視線、同僚の先生からの「どうしてうまくまとめられないの」といった冷めた視線、保護者からの「もっと勉強に集中できる環境を」といった厳しい視線にさらされ、疲れた表情が増えてきます。

　私はこうした状態を「アリ地獄」と呼んでいますが、冒頭で述べたように、学級規律をしっかり身につけさせたいまじめな先生ほど、アリ地獄に陥るような気がします。

Case 10

　実は、授業妨害をする子たちの多くが、「友だちや先生と同じように楽しく過ごしたい」と感じています。感じているからこそ、「うまくいかなさ」や「周囲から受け入れられていない空気」を本人なりに実感しています。では、なぜうまく行動できないのでしょうか。その子のつまずきを丹念に分析してあげると、解決策が見えてきます。

　巡回の経験のなかで発見できた共通項は、以下のようなつまずきです。

> ①「認めてもらいたい欲求」がとても強いわりに、満たされていない。
> ②「動きだす前に一呼吸おく」という注意の機能が弱い。
> ③自分の動きをコントロールする「ボディ・イメージ」が弱い。
> ④何をどこまで頑張ればよいのか、活動の見通しがもてないので、集中が途切れやすい。
> ⑤課題が難しい（または、多い）と感じている。
> ⑥周囲から信頼されているという実感が乏しい。
> ⑦その他（直前のできごとに固執している　など）

　「授業妨害をする子」を「先生を困らせる子」と見るよりも、分析の視点が必要な子、見方の転換が必要な子と考えたほうがよいかもしれません。

　「○○という方法をとりましょう」という方法論や、「気持ちを受け止めてあげましょう」といった心情論を語ることはいくらでもできますが、実際には、その子にどんなつまずきがあるのかといった分析を踏まえなければ、方法論も心情論も空振りに終わってしまいます。

　また、その先生がどんなアリ地獄にはまっているのかも大切に見ていかな

ければ、解決の糸口を見出せません。行き詰まったときこそ、客観的にクラス全体を見つめ直す視点が必要になると言えそうです。

　最後に、授業妨害を未然に防ぐためのいくつかの解決策を整理しておきます。

①活動の時間や内容を先に示す（集中持続が短いことが多いため、見通しをもたせて活動する）。
②みんなの前で、わざとらしさを感じさせないように配慮しながら賞賛する（ほめる場面が増えるように目標をしぼる）。
③教師側の言語指示量を減らす（イライラしはじめるとついついことばでの叱責が増えてしまうので、短くキーワードで伝える）。
④問題行動そのものよりも、問題のないときの行動に着目し、「今、いいね」と実感をもたせる（問題行動ばかりに目をむけると、結局モグラたたきになってしまう）。
⑤信頼を前提とした子ども理解を心がける（問題を起こすことを前提に関わってくる大人の言うことは受け入れてもらえない）。
⑥感情の言語化を手伝う（「ムカつく」「ウザい」などが口癖の子の場合は、「うまくできなくて悔しい」「うまくできている子がうらやましい」などの内面的な感情を表す表現を身につけさせる）。
⑦周りの子への気配りも忘れずに（その子だけでなく、周りの子だって認めてもらいたい、ほめてもらいたいと思っていることを忘れずに）。
⑧「聞かせる」よりも「訊かせる」場面を増やす（受け身的に聞くのは苦手な子も、自分から「訊く（たずねる）」場面では頑張れることが多い）。

Case 11

班での活動が苦手な子

　班活動や当番活動の際にフッといなくなってしまったり、協力的になれなかったりする子はいませんか。みんなが役割を決めて作業や活動をしているのに、自分の持ち場を離れて遊んでしまう姿に対して、友だちが「ふざけすぎ、やる気がない」といった不満を抱いてしまう、そんな場面を見かけることがあります。

　班での活動が苦手な要因を、(1)その子自身のつまずきと(2)指導上の工夫が求められる教師側の要因、の２つの視点から考えます。

(1)その子自身のつまずき
●途中でやることがわからなくなる。　●ほかのことに気をとられてしまう　●できないことや指示を聞き洩らしたことを素直に言えない。　●集中の持続が短い。　●不器用で、用具の操作が難しい。　　など

(2)教師側が見直すべき指導上の視点
●仕事の内容・量・時間を示していない。　●作業の手順が複雑。　●期待する基準（達成度）が高すぎる。　●その子自身の「苦手さ」の無理解。
●「できないだろう」という決めつけから、簡単すぎる内容を用意し、プライドを傷つけてしまっている。　　など

「自分自身のできなさや作業の遅さ」に気づいている子の場合、少しでも苦手さを感じると、できなさを隠したくても隠せない状況に追い込まれ、できれば班活動を回避したいという気持ちをより強固にします。結果として、「やらない」「めちゃくちゃにする」「投げ出す」などの行動が表面に出てしまうことが少なくありません。

　子どもの表面的な姿だけを見て「意欲が低い・やる気がない」と判断するのは簡単です。しかし、その背景にあるつまずきの要因を分析することができれば、「できることが増える」と考えることができます。指導の大きな別れ道です。ここでは、以下のような工夫を提案します。

その１…「仕事の量と時間をしぼって」
▶作業内容は単純なものから用意する。　▶始まりの時間をそろえる。
▶どこからどこまでやるのか、期待の範囲を明確にする。　▶曖昧な達成目標を避け、具体的に手順とゴールを示す。

その２…「協力という概念を目に見える形に」
▶最初から友だちとの協力を期待するのではなく、１人でできる得意な分野をまかせる。　▶終わったら誰を手伝うのか、事前に説明する。　▶ペア活動など、協力場面を意図的に設定する。

その３…「やってみればできたという経験を大切に」
▶「嫌ならやらなくていい」「どうせできないのだから無理させない」というスタンスではなく「できることを少しずつ」と考える。　▶さりげなく手伝い、やり遂げたという達成感をもたせる。　▶班員から認められる、頼りにされるような場面や役割を設定する。

Case 12

授業についていけない子

　巡回を続けるなかであらためて感じたことですが、学年が上がるにつれて、授業では「話しことば」中心の授業が進められるようになります。先生が話す時間が圧倒的に長く、生徒のことばを聞くことができる場面が少なくなっていきます。ここでは、中学校で「授業についていけない」ために学校嫌いになってしまう子のつまずきを取り上げます。

　東京大学大学院教授の佐藤学先生は、『学校の挑戦－学びの共同体を創る－』（小学館）において、「通常、中学校の授業研究というと、教材の内容の議論や教師の指導技術の是非が話題の中心になりがちである」（同書148ページ）と考察されています。授業の巧拙にウェイトが置かれ、生徒の学びが成立しているかどうかが後回しにされる傾向が強いというのです。

　実際に、中学校の教室には、机にうつぶせになった状態で寝ているのかふてくされているのかわからない生徒が必ずと言っていいほど存在します。そして、この姿こそが学びの不成立状態だと認識してもらえることもなく、「放置」という教育的（？）な手立てを施されて1日の大半を過ごします。こうした中学校独特の学校文化が看過してきた生徒の学びのつまずきに対して、どのようにアプローチすればよいのでしょうか。

1つのキーポイントとして、私は、「聞きとる力」の弱い生徒の見分け方をできるだけ具体的に示した上で、入学後できるだけ早期にその場面を見逃さないようにすべきだとお伝えしています。

　話を聞きとる力が弱い生徒は、話が少しでも長くなったり、聞き逃しがあったりすると、すぐに姿勢が崩れます。「このページを開いて」といった指示を受けても周囲からワンテンポ以上遅れます。聞きながらメモをとるというのが難しく、また、手遊びや椅子傾け遊びなどが多いのも特徴です。重要な語句を復唱させる場面では、口がしっかり動きません。聞き返しが多かったり、ついさっき説明したばかりのことを再度質問してきたりする姿などは記憶の力が弱いために聞き取れていない証拠です。ぼんやりしがちで、「注目！」といった指示にすぐに顔を上げて先生に顔を向ける、といったことが難しくなります。「うまく聞き取れない」という経験を積み上げてしまうと、意欲を失い、次第に積極性がなくなっていきます。

Case 12

　「失敗をして叱られたり、周りから笑われたりするぐらいなら、机にうつぶせになっていたほうがまだマシ……」と自己防衛的にふるまう生徒の気持ちに、少しでも気づいていただけたでしょうか。残念ながら、彼らには先生の話すことばのほとんどが届いていないこともあります。「この子は集中力がない」と嘆くよりも、まず指導者が、生徒の集中持続時間を超過して話しこんでいないかを見直すことから始めるとよいかもしれません。「もう中学生なのだから、これぐらいできるはず……」「こんなこと言わなくてもわかるはず……」という見方では、子どものつまずきのサインを見過ごしてしまうでしょう。

　そうは言っても、前述のキーポイントとなる行動を示す生徒の数が少なくないのもまた事実です。先生たちだけに、その原因を押しつけるわけにはいきません。生徒たちの「話に傾聴する力」の未発達さにも関心を向ける必要があります。

　「相手の視線を追う」「指さされた方を見て、指さした人を見る」「相手と事物を交互に見る」といった言語獲得前（前言語期と言います）のコミュニケーション行動は生後9か月ごろから始まるのですが、この時期の前言語的な行動が育ちにくく、模倣やみたて遊びがうまくできない、見分けや見比べ、聞き取りなどの学習の前提となる土台がすっぽり抜け落ちているといった子が多いと感じています。これは子育てをめぐる環境の変化とも大きく関係していると思います。

　たとえばオムツ。最近のオムツはおしっこをしてもずっと快適なままです。不快を知らせようとする情動的な行動である「泣き」がなかなか出てきません。

　テレビはどうでしょうか。映像・音声に加えてテロップが頻繁に画面上に

出てきます。聴覚障害者にとっては情報収集を可能にする支援方法の１つなのですが、「情報が消えずに残る」環境がごくごく身近にある現代の子どもたちの「見て学ぶ」傾向はより一層強くなります。最近の子どもたちの多くが"言い聞かせただけでは、入らない"のはそのためかもしれません。

　こうした状態を、「発達の飛び越し」と呼ぶ人もいます。発達の基礎となる土台が育たないまま、話しことばや書きことばの習得を急いでしまう……。発達のアンバランスさを抱えた子どもがとても多いのが現状だと思います。

　教育現場は、社会背景の変化を踏まえて、柔軟に自らのスタイルを変えていけるだけのしなやかさがあると信じています。子どもたちの「聞き取りの力」の未発達さを踏まえれば、当然のことながら「見せる工夫」をふんだんに取り入れた授業スタイルに向かうのではないかと思います。

　特に、中学校は不登校という喫緊の課題に対する明確な解決の手がかりを見出せていません。思春期という心理的な成長や、保護者の甘やかしも背景要因の１つかもしれませんが、私には、今の子どもたちに、これまで中学校が伝統的に用いてきた「話しことば」中心の授業スタイルが合わないということも大きな要因のように思えてなりません。

　小学校ではそうでもなかったのに、中学校に入って急に、先生の話が聞き取れなくて授業がわからない、面白くない、学校に行っても意味がないと話すケースが実はとても多いのではないかと推察します。スクールカウンセラーの力だけで、不登校を改善することはとても難しい現実があることを認識し、先生方一人ひとりが、授業を今の子どもたちに合わせることこそが、改善の糸口と言えるのではないでしょうか。

Case 13

授業中のおしゃべりが止まらない子

「シーッ！　いいかげんに静かにしなさい！」

　授業中のおしゃべりがなかなかやめられない子は、こんな注意を何度も受けてしまうことが多くあります。注意を受けたその瞬間は少しうつむきながら反省する様子を見せるのですが、またしばらくすると口のチャックが開き、おしゃべりモード全開になります。

　落ち着かない様子を「多動」と表現することがありますが、おしゃべりな子は「お口の多動」と表現されることもあります。クラスメイトからもうるさがられていることが少なくなく、また余計な一言が多いために、友だちか

ら責められることもあります。

「おしゃべりせずにはいられない」という様子は、自分をコントロールすることの難しさや衝動性の高さ、気の散りやすさなどを物語っています。特に授業中は、聞くべき先生のお話よりも、聞き流すべき友だちの会話に気が散ってしまうため、友だちの発言やからかいを無視できません。クラス全体がざわついてくると、余計に気が散りやすくなり、最も目立ってしまうために真っ先に先生から注意を受けてしまいます。

「うるさい子」「周囲に迷惑をかける子」といったマイナス面ばかりが取り上げられることも多いのですが、もう少しその子の様子を丁寧に見てあげると、プラス面の特徴も見えてきます。

①どんなにおしゃべりな子でも、四六時中うるさいわけではない。特に、自分が好きな活動にはすごい集中力を示すことがある。
②みんなが黙っているときに的確な発言をしてくれたり、見学者が多い授業であっても臆することなく発言をしてくれたりするので、先生にとっては"助かる存在"になってくれることがある。
③叱られた後の切り替えが速く、すぐに前向きに取り組む。
④頭の回転が速く、機転がきく。　　　　など

おしゃべりがやめられない子は、少しにぎやかなところもありますが、非常によく周りのことに気がつく子でもあるのです。実際に、巡回相談を行なう私のような"クラスの新参者"に対しては、「ダレ？　もしかして新しい先生でしょ？」と真っ先に声をかけてきます。二度目に訪問したときにもよく覚えていて、「この前来た先生だよね」などと言われることもあります。

Case 13

　「おしゃべり」というと度が過ぎる感じがしますが、自分の意見を話すこと自体は悪いことではありません。「話せる」という能力と、「止められない」という切り替えの難しさを分けて考えてみると、その子のいいところが見えてくるのではないでしょうか。その子がうまくいかないことの背景要因を理解しつつ、潜在的な「いいところ」を見つけだし、それを応援する教育ができれば、もっと多くの子の頑張りが認められるのではないかと思います。

　そんな教育を実現するためには、思い切った発想の転換が必要かもしれません。子どもの「できなさ」の背景を考え、いいところとして見直すことへとつなげる「発想転換表」を作りましたので、参考にしてください。

　授業中のおしゃべりが止められない子は、いろいろなことによく気がつくアイデアマンでもあります。「黙っていられないこと」を単に突きつけるだけの指導や、一方的に「黙らせる」ことを押しつける指導は、実はあまり効果的な指導とは言えません。

　いろいろなところにアンテナを張っていることを認め、少しばかり声のトーンを抑えめにしてほしいと伝えてあげると、自分の声の大きさに気づけるようになります。

　また、黙々と取り組める真剣な姿が見られたときには、その姿を「当たり前」として見過ごすのではなく、「今、"心のなかだけの声"が保てているね」と伝えてあげてほしいと思います。

注意されがちなことば	できないことの背景の例	いいところとして見つめ直す
きちんとやりなさい	時間が長いと注意がそれる	短期集中型
人の話を最後まで聞きなさい	授業以外の音や声が気になる	いろいろなことによく気がつくアイデアがたくさんわく
ベタベタくっつきすぎる	ボディ・イメージが希薄で距離感を保てない	人なつっこい
また忘れたのか	注意の転導、記憶の弱さ	切り替えが速い失敗を引きずらない
できてないのは君だけだよ	情報をまとめたり、優先順位を決定したりすることが苦手	マイペース
頑固だな	自分でやりたい、人にまかせられない	きっちりやるので、信頼できる責任感が強い
周りをよく見なさい	一緒に何かをするのが苦手	自分なりの考えをもっている
自分の意見をもちなさい	見本がないとどうすればよいかわからない	集団に合わせられる力がある誰とでも付き合える
人の気持ちを考えなよ	相手がどんなつもりで言っているのかわからない	ことばに裏表がない素直
こだわりすぎ	とことん追求しないと不安	好奇心が旺盛ちょっとの違いを見抜く力がある

Column 「つまずきを読み解く視点」とは何か

1．子どもを決めつけない！

　本書のメインテーマにもなっている「つまずきを読み解く視点」とは、一体どのようなことなのでしょうか。私は、「なぜそのつまずきが生まれるのかを考えること」だと考えています。

　たとえば、姿勢が崩れやすい姿を見て、多くの大人が「だらしない、態度が悪い」と感じ、「もっとちゃんとしろ」「真面目にやれ」と叱咤します。しかし、洞察的にその子を見れば、「低緊張で筋肉の張り具合が維持しづらいのかもしれない」とか、「注意がそがれやすいために、ほかのことに気を取られているのかもしれない」とつまずきの背景に思いを馳せることができます。この「〜かもしれない」という仮説的な発想こそが、子どもの行動をより的確に理解するための第一歩です。

・やろうとしない
・ふざける
・逃げる
・他人のじゃまをする
・関係のないことをする

行動の背景要因

　表面的なつまずきから、その背景を考えることは"氷山"にたとえられます。問題的に目に映る子どもの行動には、必ず、目に見えないつまずきが隠れています。

読み書きのつまずきを隠すかのごとく、授業中ふざける子もいます。手先の不器用さをごまかすように、わざと滅茶苦茶な作品づくりをする子もいます。感情の言語化が苦手なために、暴力的な態度でしか気持ちを表現できない子だっているのです。これからの教育には、表面化することのない「つまずきの根っこ」に思いを巡らせる、洞察的な態度が求められるのではないでしょうか。

　子どもによっては、つまずきの"氷山"の水面下に隠れた部分が肥大化、複雑化していることがあります。その際は、絡まった糸を丁寧にほどくようにつまずきの背景を見定め、最も優先順位の高い課題を見出すことから始めるとよいと思います。実際のところ、子どもの育ちを、大人の無理解や誤解が妨げてしまっている場面を頻繁に目にします。本書が、そうした悲劇を未然に防止することに少しでも貢献できることを願ってやみません。

２．仮説立てをしながら子どもを見る

　前述のように、的確な子ども理解のためには、つまずきの"氷山"の隠れた部分を推測する必要があります。「…という要因がありそうだ」「…という要因が大きく影響しているのではないか」といった「推測」を行ないながら、つまずきの要因を探るのです。この作業を「仮説立て」と言います。

　仮説立ての大切さを私に教えてくださったのは、木村順先生（療育塾ドリームタイム主宰・作業療法士）です。木村先生は発達につまずきがある子の臨床現場に長年関わり、名著『育てにくい子にはわけがある』（大月書店）の著者でもあります。本書が、つまずきを読み解くサインとして「感覚の発達」の分野を多く含んでいるのは、木村先生の影響かもしれません。また、木村先生と出会えていなかったら、今日の私もなかったのではないかとも思います。

木村先生からは、子どもの発達に関わる実践家として次の３つのレベルでそれぞれ仮説を立てることが重要だと教わってきました。

状態の仮説	・なぜ、～してしまうのだろうか？ ・なぜ、～できないのだろうか？
方法の仮説	・改善できるとすれば、～な方法はどうだろうか？ ・～な方法だと、悪化させてしまうかもしれない？
経過の仮説	・～したら、次には～ができるだろう。 ・～しなければ（放置すれば）、～になってしまうだろう。

　３つのレベルでそれぞれ仮説を立てるのは、きっと以下のような意義があるのだろうと最近感じています。

①「状態の仮説」を立てることによって、「現在の状態を決めつけない」ための視点をもつことができるようになり、つまずきの"氷山"の背景に隠れたサインに気づくことができます。

②「方法の仮説」を立てることによって、「こうするほかないという思い込みを捨てる」ための勇気がもてるようになり、もっとよい方法に出会える可能性が高まります。

③「経過の仮説」を立てることによって、「求めている結果がすぐに出ない焦りから抜け出す」ための根気がもてるようになり、子どもが自分から成長していこうとするチャンスを見守ることができます。

　子どものよき理解者でいるためにも、ぜひ「つまずきを読み解く視点」を多くの方にもっていただけると嬉しいかぎりです。

Part II 　子どものつまずきを読み解くサイン

生活編

Case 14

相手への関わりが強すぎる子

　暗黙の了解の範囲、言わなくてもわかるはず……といった教師側の思いがなかなか伝わりにくい子どもたちがいます。

　たとえば、相手への関わりが強すぎたり、相手にうっとうしがられているのに距離が近かったり、しつこすぎることに気づけなかったり……。言われなくても自然に周りを見て覚えるようになってくれるとよいのですが、なかなかそううまくはいきません。

　こんな子たちには、暗黙のルールという見えないものを「可視化」してあげる教育的な手立てが必要です。小学校1年生の教室などでよく見かける「声のものさし」がその代表例ですね。

　ただ見せるだけではうまく身につかない子もいます。工夫を一歩進めて、その場面で求められる適切な声量が伝わりやすい「活用型の声のものさし」を用いるとよいかもしれません。

　研修会などでは、見せる工夫のポイントをお

声のボリューム

4	クラス全員
3	班の人
2	となりの人
1	つぶやき
▶ 0	心の中で

伝えしています。それは、「貼りっぱなしにしない（放置しない）」ということです。

「声のものさし」にしても、「正しい姿勢」「話の聞き方」「机のなかの整理のしかた」にしても、教室内の掲示はたくさん目につくのですが、それらの圧倒的多数が、年度当初に掲示されただけの状況で放っておかれています。授業中や生活指導に活用されている気配はあまりありません。そこで、身につくまで徹底的に使いこむ、身についたと感じたらはずしてみる、まだ定着していなかったら再度学習し直すといった「活用」が何より大切だとお話ししています。

見えないルール、いわゆる集団内の暗黙知を視覚化し、みんなの「形式知」にする工夫は、クラスのなかのほかの子どもたちにとっても有効な行動の「ヒント」になります。

そんな思いを抱きながら、私もたくさんの活用事例に触発されてこんなものさしを作って紹介しています。名づけて、「タッチのものさし」（62ページ参照）。接触するときの強さや、接触する部位、相手との距離の取り方などは、暗黙の了解の範疇でとどめられることが多いため、それを可視化したものです。

タッチのレベル0は、誰にも触っていない状態です。授業中や給食時の基準になります。

レベル1は、しっかり握手。低学年の子の場合、遠足などで守るべき基準です。コミュニケーションの一般的な距離の取り方にも通じます。

Case 14

タッチのものさし

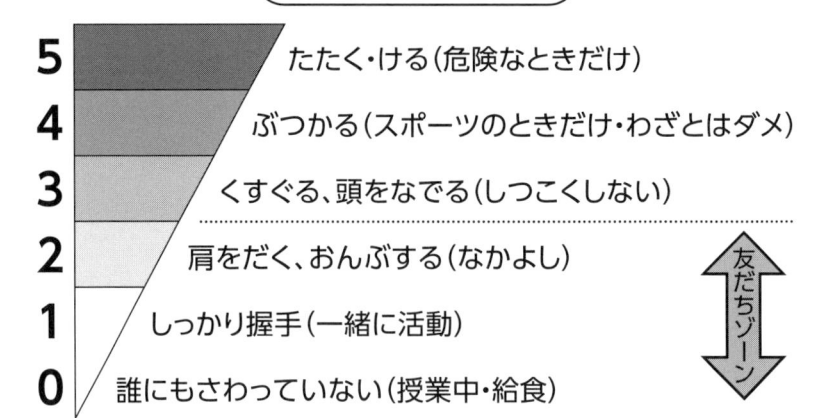

5	たたく・ける（危険なときだけ）
4	ぶつかる（スポーツのときだけ・わざとはダメ）
3	くすぐる、頭をなでる（しつこくしない）
2	肩をだく、おんぶする（なかよし）
1	しっかり握手（一緒に活動）
0	誰にもさわっていない（授業中・給食）

※レベル2〜4は「友だちゾーン」

　レベル2は、少し広い面での圧のかけ方（学年に応じた配慮が必要です）。

　レベル3以降は、クラスのなかで避けてほしいレベルで、くすぐる、つっつく、頭をなでるなどです。レベル3のようなコショコショ・サワサワといったちょっと触れる程度のタッチは、実は不快な感触を与えることが多く、避けたいタッチです。

　レベル4は、不快度がさらに増す「ぶつかる」です。ただし、スポーツのときに故意でない場合など、互いに過失であることを許しあうケースがあることも伝えます。

　レベル5は、攻撃的な要素を含む「たたく・ける・ひっかく・かみつく」などです。いざというときには自分を守る武器になりますが、通常の場面では最も危険なレベルになります。

子どもどうしのトラブルは接触する場面で起きることが多く、このようなものさしを使いながら触れ方・触れられ方・快適なパーソナルスペースの保ち方などを学ぶ機会を作ったら、暗黙のルールの可視化ができるのではないでしょうか。

　もちろんこれも貼りだすだけでは何の効果もありません。少なくとも1時間ゆっくりかけて、タッチのレベルを確認し合いながら「体で覚えるタッチの基準」を土台として作る時間が必要です。

　教室内では、偶発的におきるトラブルがたくさんあります。同じような場面を繰り返し取り上げざるを得ないこともあるでしょう。そういった場面でも、ものさしという基準があれば「復習」ができます。基準が設定されていなければ、学習しきれない「未学習」の状態が続いてしまいますし、基準作りが1人ではうまくできなければ、対人関係面の悪化につながる「誤学習」の状態に陥ることも考えられます。そんなことにならないようにするためにも、このような地道で継続的な取り組みが必要なのではないでしょうか。

　ところで、こうした取り組みは子どもたちの世界だけの話なのでしょうか。私は、大人も含めた社会全体が積み残してきた喫緊の課題なのではないかと思います。ちょっと肩が触れた、一瞬足を踏まれた、通りすがりに軽くぶつかってしまったといった接触場面でのトラブルが多いのは大人も同じです。むしろ、子どもたちの世界よりも、トラブルになったときの度合いが激しいのではないかと感じるほどです。社会を築く役割の一端を教育が担っていることを踏まえれば、今まで以上に、意図的に仕組むべき学習内容なのではないかと考えています。

Case 15

靴ひもがほどけたままでも平気でいられる子

　中学校に巡回相談にうかがうと、靴ひもがほどけている状態の生徒を見かけます。これも、私が重視しているつまずきのサインです。

　靴ひもがほどけやすい子を見かけたとき、私は瞬時に3つのつまずきのいずれかがある、もしくは全てのつまずきがあるのではないかと推察します。1つ目は、結び方を身につけていない「未経験・未学習」の問題。2つ目は、「手先が不器用」でうまく結べず、適当に結んで終わりにしてしまっていること。3つ目は、ほどけていることに「自分で気づけない」というつまずきです。

　ボディ・イメージということばをご存じでしょうか。自己像、身体像などという言い方をすることもあります。簡単にまとめてしまうと、「自分の体の実感」と言い換えることができそうです。靴ひもがほどけたまま平気でいられる生徒は、おそらくボディ・イメージが年令相応に発達していない生徒なのだろうと思います。

　自分の体の実感が乏しいと、物の扱い方、人への接し方、集団での立ち居振る舞いなどに大きく影響してしまいます。自分の体の輪郭やサイズがイメージしづらいため、人にぶつかりやすくなるし、整列しようとするときに

は列からはずれたことに気づきにくくなります。

　他者にはやや強い関わり方をする一方で、他者から関わられるときには細かいことに対し過剰に反応します。力の入れ加減、手足の曲げ加減、伸ばし加減が微調整できないため、物の扱い方はがさつ、ことばや行動は乱暴さが目立つようになります。手先の不器用さは、学齢期には、人間関係の不器用さや、行動・言動のコントロールのしづらさにつながりやすいのです。

　たかが靴ひも、されど靴ひも。靴ひもがほどけやすい子が全てそうだとは言いませんが、「あの生徒は、対人面でトラブルが多いほうですか？」と担任の先生などに尋ねると、驚いた表情で「なぜわかるんですか！」という返事が返ってくる確率が非常に高いです。

　最近は服装の乱れに対して、比較的寛容な社会になってきました。こうした時代的背景は学校文化にも還元されていて、先生方の考えも柔軟になってきています。私も、いまさら校則を厳しくしようとか、品行方正たれといったことを言いたいわけではありません。ただ、服装などの身の回りのことに対する細かな生活指導が、子どもたちのボディ・イメージの発達に何らかの貢献を果たしていたのだとしたら、もしかしたら私たち教育関係者は重大な価値を自ら放棄してしまったのではないかと自問自答するばかりです。

　靴ひもがほどけているという事実を目にしたら、ぜひ、ボディ・イメージの発達という視点に立って、ほどけていることを教えてあげてほしいと思います。その場で結びなおそうとしない生徒の場合は、自分の不器用さにすでに気づいている生徒かもしれません。見過ごせば、それだけボディ・イメージの発達の機会を失うことになりかねません。

Case 16

友だちとのトラブルが絶えない子

　クラスのなかには、自分の立場ばかり主張してしまう、場の雰囲気が読めない、相手の気持ちを理解しようとしない、こだわりが強く周りを認めようとしない……といった傾向が強い子がいます。時には、わがまま、自分勝手、自己中心的……と否定的な見方をされてしまう子どもたちの行動が、実はサポートを求めている重要なサインなのですが、気づいている方がどれくらいいらっしゃるでしょうか。

　子どもは、幼児期前半ごろから、ルールのなかで行動する経験を経て、少しずつ周囲に認められる自我（自分らしさ）の範囲を知ります。それと同時に、自分に自信をもつようになり、何かに挑戦しようとする意欲や、行動の誤りを修正する力の発揮にもつながります。

　小学校入学後に幼児期後半の延長で、自己主張が強く出てしまう子は少なくないのですが、やがて学校生活に慣れるとほとんどの子が落ち着いてきます。その一方で、いつまでも自己主張傾向が強く出てしまい、些細なことで衝突を繰り返す子が目立つようになっていきます。

　多くの場合、行動面での幼さが指摘され、「相手の気持ちをもっと考えなさい！」という指導を受けているようです。巡回相談に出向くと、中休みや

昼休みの直後に、このような場面によく出くわします。

　時には、衝突の当事者どうしを呼んで、クラスのみんなから少し離れたところで言い分を聞いているような場面を見かけることもあります。でもなかなか互いの意見の食い違いが埋まりません。次第に授業の遅れを気にしだした先生が、たまらず「双方痛み分け」の裁定をくだします。納得させたように見えて、実は互いの気持ちにさらに火をつけていた……なんてことも珍しいことではありません。

　学校では、「常に相手の気持ちを考えて行動しなさい。自分勝手なことをしてはいけない」ということばをしばしば耳にします。学校だけでなく社会でも大事な規範の1つだと思います。ところが、「相手の気持ちをよく考えて」という漠然とした言い方では、よく伝わらない子が実際にはいます（クラスにも、大人の社会にも）。こんな子たちは、相手の気持ちや状況や物事の背景がどうなっているのかを読み取りづらかったり、自分の行動がどのような影響を及ぼしているのかを客観的に点検・修正する力が弱かったりするつまずきを抱えているのかもしれません。

　これらの背景には、以下のような要因があるようです。複数の要因が絡み合っていることもあります

①記憶の弱さ（以前にあった類似した経験と結びつけられない）
②ことばの使い方の弱さ（場面ごと・状況ごとに異なって使われる意味、含みのある言い回しを理解しづらい）
③自分を客観視することの弱さ（こうすればうまくいくといった自分を客観的に感じる見方が困難）

Case 16

④身体感覚の弱さ（自分の身体の動かし方や全体的なイメージがつかめていないと、動作が雑になる）
⑤情報の取捨選択の弱さ（状況の中から、必要な視覚情報・聴覚情報を取り出すことが難しいため、結果的に状況判断が困難になってしまう）

　こうしたつまずきがあると、「相手の気持ちを考える」というのはかなり高度な対人関係スキルだと言えます。周囲から何のサポートもなく「相手の身になれ」と言われるだけの指導では、解決の糸口が見出せません。学校でも、家庭でも、「相手はこう考えているよ」「相手にはあなたの行動はこう見えているよ」と、その子に理解できる形で示してあげる一工夫が必要です。

　最近の教育現場では、その子の状況判断力を支えるツールとして、簡易な絵を使うことがあります。「コミック会話法」（キャロル・グレイ, 1994）といって、漫画の登場人物のように本人を登場させ、その場面での実際の会話をセリフとして書いたあと、見えなかった相手の気持ちも書き込んで示すのです。

本人：「なんでこんな簡単なことができないんだよ！」「やろうとしないからできないんだろ！」
友だち：（君の求めるレベルが高すぎる。）（僕はもうこれで精いっぱい。）

　こうすれば、相手の気持ちがその子に「見える」形になります。また、記憶に残りにくいことばだけでの諭しではなく、いつまでも振り返ることができる視覚情報を示すという効果もあります。こうして、自分がどう行動すれ

ばよかったかを一緒に考える土台ができるのです。

　子どもたちは普通、「ボクにはよくわからないので、視覚的に示してください」とは決して言ってくれません。そう言わないかわりに、指示に従わない、ただ突っ立って状況を見ている、どこかへ行ってしまう、かんしゃくを爆発させる、何であれ、今　していることをし続ける、何かよくない他の行動をとる……などの行動をとります（ジェニファー・L．サブナー，ブレンダ・スミス・マイルズ，2006）。一見、身勝手に思えるような行動も「状況を視覚的に提示してほしい」というサインだと理解したほうがよいようです。

　かく言う私も、小学校の通知表では、6年間欠かさずこの類のことが書かれ続けました。実際の通知表から抜粋します。

- 相手の意見をよく聞いた上で、自分の立場も理解してもらうように指導していきたいと考えています。
- お友だちに対してもう少し寛容な態度で接し、やさしさが持てるようになれば……。
- 相手の意見も取り入れ、自己主張し過ぎないよう気をつけましょう。
- 思いやりをもって人と接することの大切さを指導しています。　　など

　6年間書かれ続けたということは、逆に考えると、どの学年でも効果的な指導を受けてこなかったということだと思います。当時は、「相手の気持ちを考えて」という指導でよかったのでしょう。だから、その当時の担任の先生方を責めるつもりはありません。でも、今は、対人関係の効果的な教育ツールが身近に存在する時代です。当時に遡ることができたなら、先生方に活用をお勧めしているところでしょう。

Case 17

友だちをわざと興奮させる子

　ここでは、気になる子Ａちゃんと、その子を取り巻くクラスメイトとの関係を考えてみます。

　小学校１年生の女の子Ａちゃんは、幼稚園時代から自分の思う通りにならないとムキになってしまったり、ちょっとしたことで「もういい！」といってやるべきことを放棄してしまったりする子でした。比較的早い時期から先生と保護者が相談を始めることができたため、対人関係面でのつまずきや戸惑い、自信のなさなどについて「社会性スキル」のトレーニングを行なってきました。卒園するころには、園内でも比較的上手にコントロールできるようになってきたので、小学校ではそれほど心配しなくても済むかもしれない、先生も保護者もそう感じていたそうです。

　ところが、小学校に入学してみると、せっかく身につけた対人関係スキルが男の子たちからの「からかい」や「いじられ」の対象になりました。Ａちゃんのやけに丁寧なことばづかいや、からかう声を聞き逃せない性格を、男の子たちから目ざとく見抜かれてしまったのです。

　国語の時間、Ａちゃんは苦手な読解問題に一生懸命取り組み、発表する機会を得ました。いつも声が小さくなりがちなＡちゃんが、少しばかりの勇気

を振り絞って発表した回答は80点くらいの、まずまずの内容でした。ところが、発表し終えたその瞬間、「ちがうよ！」と声をかける男の子がいました。その男の子は、回答で足りなかった20点分の内容のことが気になったのかもしれません。あるいは、「ちがうよ！」と言えばＡちゃんがパニックに陥ることを知っていてこのように言ったのかもしれません。

　Ａちゃんはすぐさま「そう（正解）だよ！」と反論しました。男の子はさらに「ちがうよ！」とたたみかけ、Ａちゃんは泣きそうになりながら「そうだってば！」と再び返しました。男の子が４回目の「ちがうよ！」を言ったとき、Ａちゃんはみんなが驚くほどのパニックを起こすまでに追い込まれてしまいました。それ以降、Ａちゃんは、発言の場面での声量が一層小さくなってしまいました。

　このようなケースの場合、「パニックを起こす子」に話題が集中し、どのようにすればパニックを起こさずに済むかという議論になることが多いようです。一方のパニックを誘発させる男の子のほうは取り上げられることすらない、といったことも少なくありません。

　しかし、ここに大きな誤解があります。この男の子自身も、相手の気持ちや状況を読み取ることが難しい、細部にこだわる、みんなから注目を集めたがるなどのつまずきがある子、支援が必要な子と考えなおす必要がありそうです。

　話はそれてしまうかもしれませんが、小学校の低学年の子のなかには、自分と違うという事実だけを取り上げて「そんなことやっちゃダメなんだよ！」という厳しいことばかけをする子がいます。相手のよいところまで「ダメ」と指摘してしまう子も少なからず存在します。

Case 17

　それでは、具体的な指導について触れたいと思います。Ａちゃんには、「相手の子は感情的になるのを期待してからかっているんだよ。だから、"そうだよ"って意地になっていうことは、余計に相手の思うつぼだよ」と言い聞かせてもうまくいきません。「ちがうよ」という相手の子のことばを「雑音」として聞き流せるほどの力はまだＡちゃんには備わっていないからです。心の中では納得できていても、「ちがうよ」という声が聞こえれば、同じようにムキになって打ち消さずにはいられないでしょう。

　そこで、「からかい」に対して取るべき具体的な行動を伝え、落ち着いているときにそれらの行動の練習をしておきます。たとえば以下のようにです。

> ①相手の意見を受け入れ、違うところを教えてもらう。
> 　　例：「わたしにわかるように、教えてくれる？」
> ②これで十分だと伝える。
> 　　例：「わたしなりに頑張って意見を言ったんだ」
> ③足りないところを補ってもらうようにお願いする。
> 　　例：「じゃあ、付け足しの意見をお願いね」

　反応が返ってきやすい子をからかう「愉快犯」のような子や、嫌がることをわざと続けてパニックを誘発する「模倣犯」のような子にとって、Ａちゃんの存在は格好のターゲットです。上述のようなＡちゃんへの指導だけでなく、クラス全体をあたたかい雰囲気でいっぱいにする工夫が必要になってきます。

　また、からかう側の子どもたちも、実はからかわれた子の気持ちが読みにくい子たちであることが少なくありません。その子たちにも状況を見せてあげ

る工夫（相手の本当の気持ちをイラストなどで伝える：68ページ参照）や、否定的な声をかけずにいられた場面はすぐにほめてあげるなどの指導の工夫が必要になります。

　「否定的な声をかけないでいられること」は一般的には普通なことなので、あえて取り上げてほめるような事柄ではないと思われがちです。しかし、そこから始めなければ、行動の修正はなかなか進みません。今までだったらしつこく声をかけてしまい、周囲を不快にしていたような場面で、そうせずにいられたというだけでも、「今、グッと我慢できて偉かったね」と瞬時に取り上げてあげる必要があります。

　その一方で、否定的な声かけが出たときには、「本当にそう思っていても、黙って見守るのが賢いやり方だよ」とその子のこだわりに配慮したことばかけが瞬時にできるよう、大人も心の準備をしておく必要がありそうです。

　今回のケースのように、周りの友だちへの対応のほうに優先的に取り組まざるを得ない学級もあります。つまずきを見過ごさない視点について、もっと広義に、そして柔軟に受け入れていただけると嬉しく思います。

※本ケースは、所沢市教育委員会の健やか輝き支援室の支援委員阿部利彦先生の『発達障がいを持つ子の「いいところ」応援計画』（ぶどう社）を参考にしました。この本には、指導や支援のヒントがたくさん詰まっています。

Case 18

こだわりが強い子

　巡回相談では、「こだわりが強い」と言われる子に出会います。こだわりの中身は、「物の置き方（たとえば、色鉛筆の並べ方など）」や「活動の順序（通る道順が決まっているなど）」から、「自分が一番でないと気が済まない」といった勝ち負けへのこだわりにいたるまで、実に多彩です。

> なぜ何かに「こだわる」必要があるのでしょうか？

　理由は簡単。そこに、本人にしか感じ得ない細かな違いを見出しているからです。「わずかの違いがわかる」ゆえに、「こうでなければならない」のです。

　ゴルフ好きのお父さんが、B社のクラブではなくA社にこだわるのは、本人にしか感じ得ない違いをそこに見出しているからでしょう。お母さんが使い続ける化粧品のメーカーも、おじいさんが40年間ずっとたしなみ続けているビールやタバコの銘柄も、ちょっとした違いがわかるからこそ、それにこだわるのだろうと思います。

　こだわりには、それなりの主義・主張がともないます。
　・床屋・美容室ならこの店！
　・ヘアスタイルやファッション、ズボンやスカートの丈の長さ

・有機野菜などの食材にこだわる料理屋　　など

　きっと「鍋奉行」と呼ばれる人も、かなりのこだわりもちですよね。職人さんや芸術家といった職業は、おそらくこだわり追求の終着駅と言ってもよいでしょう。「こだわり」ということばには、どうやら否定的な意味合いだけでなく、肯定的な意味も含まれているようです。

> 　ではなぜ、私たちのこだわりが肯定的に受け止められるのに、一部の人たちのこだわりは問題視されてしまうのでしょうか？

　たとえば、通勤時に乗換や混雑状況などの理由から、乗る電車の車両やドアを決めている人は多いと思います。その電車がとても混んでいて、そのドアから乗ることができないとしたら、どうしますか？　きっと、隣のドアから乗ったり、1本次の電車を待ったりできるはずです。これを「切り替え」と呼びます。私たちのこだわりは「切り替え」たり、状況に合わせたりできるから問題にならないだけの話です。このドアから乗らなければ気が済まないという、1つの状況への固着化は、否定的に見られてしまうということになります。

　だとすれば、こだわりをつぶそうとする指導がうまくいかないのは明らかです。「こだわりを止められる悔しさ」と「理解されない悔しさ」のダブルパンチを感じ、子どもはプライドをかけて反抗します。私たちも、自分が好まない趣味を押し付けられると不快になるように……。その子なりの主義・主張があることを受けとめつつ、気持ちを切り替えさせたり、こちらに折り合いをつけてもらったりできると、「こだわりがマイルドになった瞬間」を見逃さずにいられるようになります。こだわり率100％が、99％になっただけでも実は称賛すべき"すごいこと"なのかもしれません。

Case 19

失敗をごまかしたり、勝手なやり方で周りを困らせたりする子

「うまくできない子ほど、人を頼らない（頼れない）」……。たくさんの子どもたちとの出会いを通して感じてきた、率直な感想です。

たとえば、友だちが楽しく遊んでいる長縄跳びを、いきなり引っ張って邪魔する小学校1年生の男の子。友だちも、その子の自分勝手な振る舞いに腹を立て、その後、エピソードを聞いた先生もみんなのことを邪魔した行為について強く叱ります。しかし、その直前から様子を見ていると、回転する縄のなかに必死に入ろうとしているのにタイミングを合わせるのができなかったという、行動の布石となるような出来事が潜在していることがあります。やりたくてもできないから、気持ちを「縄」にぶつけたのでしょう。

難しい、困った、わからないと感じる場面で、「難しくて、自分ひとりじゃちょっと無理かも……」「困っているから、助けて……」「わからないので、手伝ってほしい……」、こんな風に言えればもっと楽しく過ごせる時間が増えるのですが、うまくできない子ほどこのように人を頼ることが苦手なようです。

加えて、自己流・我流でやろうとするためにかえって間違った結果になることも多く、いっそう自己否定的な気持ちを強く抱いたり、虚勢をはったりすることが増えてしまいます。

できないときに、わめいたり、邪魔したり、逃げたり、めちゃくちゃにやったり……という場面を見かけたら、ぜひ、「できないといういら立ちの気持ちをうまく伝えるスキルが未形成な子かもしれない」という見方でその子を見てあげてください。下のような表を使いながら、おすすめコースのスキル（「援助要求スキル」と言います。簡単に「相談スキル」でもよいかもしれません）を育てていきましょう。

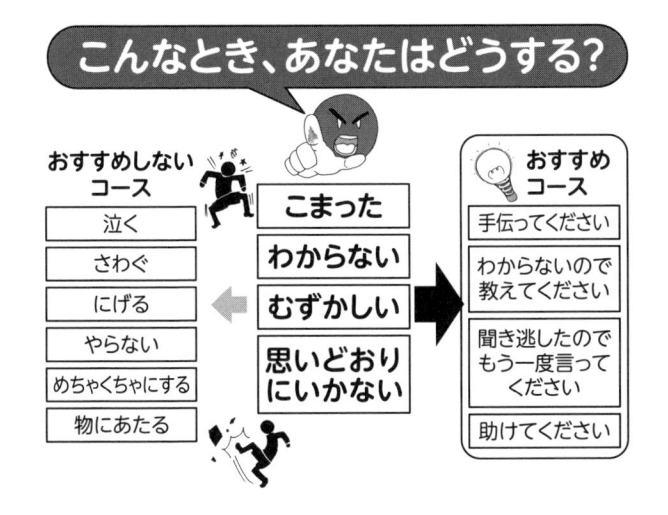

こんなとき、あなたはどうする？

おすすめしないコース		おすすめコース
泣く	こまった	手伝ってください
さわぐ	わからない	わからないので教えてください
にげる	むずかしい	聞き逃したのでもう一度言ってください
やらない	思いどおりにいかない	
めちゃくちゃにする		助けてください
物にあたる		

　誤解のないように付け加えておきますが、「傷つきやすいからかばってあげましょう」とか、「あたたかい目で見守ってあげましょう」といった情緒論で話を終えようとしたいわけではありません。援助要求スキルの弱さに気づき、援助要求スキルを育てるという発想の転換が必要だと思います。

　注意しなければならないのは、「こういうときは相談するといいんだよ」という"人生訓的な言い聞かせ指導"だけでは、子どもたちの行動はあまり変わらない、ということです。なぜでしょうか？

Case 19

　それは、「できなくて悔しい」「できている人が羨ましい」「うまくいかない自分が情けない」「本当はできるようになりたいのに、失敗が続くのがもどかしい」などのような悲観的・否定的な感情の"命名"ができていないからです。

　先ほど例に挙げた小1の男の子。その瞬間の彼には「ムカつく」「ウザい」といった他者に向けた気持ちしかありません。そこで、縄跳びを引っ張って邪魔しようとするその瞬間、サッと間に入って、「悔しいね、じゃあ、一緒に練習がんばろうね」「みんなが羨ましいよね。だから教えてもらおうよ」「うまく飛べない自分が情けないよね。誰かに慰めてほしいよね」といったことばをかけてあげると、それらのことばをもとに自分の感情を整理・命名することができ、他者への相談に向かう気持ちを育てることもできます。

　最終的に「できないことはできるようにする」、これが本当の解決です。そのためにも、本人が「相談すること」に価値を見出すようにしなければなりません。

　京都ノートルダム女子大学教授の藤川洋子先生は、こうした自己否定的・悲観的な気持ちを「ネガティブな感情」と整理し、これらの感情の整理がいかに重要であるかを示唆しています。

　　年齢があがればあがるほど、毎日の生活の中に、「うれしい」「楽しい」だけではなく、ネガティブな感情がわき起こることが増えるはずですが、こうしたネガティブな感情が命名されていないと、子どもたちは自分の感情を伝えることができません。結局「うざい」のオン

パレードになったり、ことばにならずにキレてしまう、つまり行動化してしまうことになると思うのです。
　　（藤川洋子『なぜ特別支援教育か－非行を通して見えるもの－』
　　日本標準、2007年、30ページ）

　従来型の指導（家庭での子育て場面も含めて）では、表面的な不適応行動だけを取り上げて、叱り、「もうしないね」と戒め、反省を促す……といった方法がとられてきたように思います。もちろん、叱ることがよくないということではありませんし、起きてしまった不適応行動に厳しい態度で臨むことも教育上必要なことだろうと思います。しかし、その前後の状況や背景となる人間関係には必ず教育のヒントが隠されているはずですし、本人の「やりたくてもできなかった」という感情の揺れを読み取ろうとする丁寧さがあれば、多くの子どもたちがもっと自分を信じようと思ってくれたかもしれません。

　私のもとへ寄せられる質問のなかには「○○ができない子にどんな指導をすればよいか」とか「自己中心的な行動で手がつけられない、こんな場合どうしたらよいか」といった内容のものがあります。問題行動として決めつける前に、ぜひ、以下のことを振り返っていただきたいと思います。

①その子がなぜ、そのようにしてしまうのか、原因を考えていますか？
②問題となる瞬間の前後の状況を、大人はどこまで把握できていますか？
③その子は、ネガティブな感情の整理（言語化）ができていますか？
④その子は、どこまで援助要求スキル（相談スキル）を身につけていますか？

Case 20

偏食がある子

　食べ物のこだわりが強い子に対して、学校やご家庭ではどのように指導されているでしょうか？　一般的には、「好き嫌いしないよう頑張ろう」「よく噛んで食べてね」「お行儀よくこぼさず食べなさい」といったことばでの指導が行なわれていると思います。でも、偏食の問題の根っこはもっと深いところにあります。

　「食べる」という行為は、いわば、戦略づくりです。結論から言うと、食べられる戦略を頭のなかでイメージできないために、「食べない」のです。

私たちは、目の前に出された食べ物を見て、無意識のうちに、食具（箸やスプーン、場合によっては手）の使い方や口までの運び方、口の開き方、一口量の目安、口の中に入ったときの味の予測、舌や歯やあごをどのように何回動かすかなどをある程度見越して、最後に飲み込むときの感じまで瞬時にイメージしています。どれくらい顔を前に出せばこぼさずに食べられるかとか、歯の間にはさまったときにどう後処理をするかなどといったことまで、ほぼ無意識的に考えています。食べる前から、どう処理するかという「構え」を作っているのです。

　「構え」ということばは、スポーツの場面でよく用いられます。テニスでサーブを受けるとき、野球の守備、柔道で相手と対峙する瞬間……。すべて「構え」から始まります。相手を受け入れる戦略があるからこそ、身構えることができるわけですが、物を食べる際にも、口までどのように運ぶか、口に入ってからどのように口を動かすか、飲み込むときにはどんな感じか……といった戦略イメージが必要なのです。噛む、飲み込むなどの摂食機能の発達の遅れや、偏りのある認知発達、どんな食事を日常的にしているか（これまでしてきたか）という食環境要因などによって食べる「戦略」が築けなかったときには、結果として偏食という状態になってしまいます。

　筑波大学大学院教授の川間健之介先生は、食材を迎え入れる「構え」が育っていない子の傾向として、以下の３つの条件のものを選んで食べることが多いと話していました。

①口に入れるとすぐに味がするくらい味の濃いもの
②食感がクリアなもの（グミはその典型）
③唾液がたくさん出るもの

Case 20

　たとえば、「白いご飯は好きだけど、混ぜご飯はダメ」という子の場合は、白いご飯だけのほうが唾液がたくさん出るという処理のしやすさに依存しています（白いご飯は丸飲みできるくらい口のなかで処理しやすいのです）。

　野菜は、その多くが前述の３つの条件を兼ね備えていないため、野菜嫌いな子も少なくありません。ちなみに、マヨネーズをたっぷりかけると、味が濃くなり、酸味で唾液が出やすくなるので口のなかで処理しやすくなります（マヨネーズの酸味が苦手という人もいますのでご注意ください）。粉ふき芋は、味が濃くない上に、パサパサして歯にまとわりつき処理しづらいという特徴があります。食材を見ただけで食べようとしないのは、「処理しきれない」という自信のなさの裏返しなのだろうと思います。

　「頑張って」「繰り返し」食べさせ、嫌がっても「我慢させ」「慣れさせて」いくという反復学習は、もしかしたら難行苦行に近いことを強いているのかもしれません。まずは、以下の指導を基本としてください。

①食べられるように調理すること
②食べる構えを作ること

　では、食べる構えを作る指導とは、どのようにすればよいのでしょうか。私は、「口に入れなくてもいいから、食べ物を下口唇に当ててごらん」と話しています。下口唇は、食材の性質を感じるセンサーの役目を果たしているといいます。まずは下口唇に自分で当ててみること、それができたら、今度は舌を出して、舌先に当てることを目標にします。「構え」ができれば自分から食べるようになるので、あとはその瞬間を待つのみです。

ところで、海外の料理のなかには食べる「戦略」を想定しづらいものがありますよね。仲間うちで中華料理を食べに行き、カニのチリソースという「戦略」の立てづらい食べ物が出たときのことです。カニの甲羅がついた状態でチリソースに絡まって出てきたのです。私はこっそり、ほかの方々がどのように食べるか観察していました。甲羅から身をじっくりとほじくり出していた方。箸である程度の大きさに切ってから口に入れ、口の中で身をこそぎ取って甲羅を出していた方。最初は身を取り出すために頑張っていたけれど、途中で大雑把になった方。実にさまざまで、個性的な食べ方でした。

　私はというと、結局、戦略らしい戦略を立てられず、甲羅も身もそのままの状態で口のなかに運び、ガシガシと甲羅ごと食べてしまいました。

　食べるという行為はその国の食文化の継承だと思いますが、個人個人の食経験の産物でもあるわけです。したがって、とりわけ学校教育の場では、教師は、自身のやり方（食べ方や好き嫌いの克服法など）を押しつけてはいけないということを改めて認識する必要があると思います。

Case 21

ことばよりも先に
手が出てしまう子 ❶

　友だちが持っている物を何も言わずに奪い取ろうとしたり、すぐに手が出るので凶暴だと思われてみんなから避けられたりする子はいないでしょうか。

　このような、社会的に不適応な行動は「常に出る」というわけではなく、場面によって、状況によって、関わる人によって、出やすかったり、出にくかったりします。よく見ていると、実は落ち着いている場面や、やさしさを見せる場面もあるのですが、乱暴な部分ばかり目立ってしまいます。

　以前であれば、先生は保護者に「お宅のお子さんは困ります」と言えばそれで済んだのかもしれません。でもこれからは、「お母さん、お父さんも実は将来を案じて困っている。いや、根本的には、その子自身がどうやって行動をコントロールしていけばよいのかわからず困っている」という認識に立った対応が必要不可欠です。

　「ことばよりも先に手が出てしまう子」の多くは、対人関係スキル（ソーシャルスキル）につまずきを抱えています。

　スキルとは、技術のことであり、知識ではありません。したがって、「わかりましたか？」―「わかりました」というようないわゆるお説教や、反省

文を書かせるといったその場かぎりの指導は、知識増やしには貢献するかもしれませんが、ほとんど効力がないことが知られています。

　スキルを向上させるにはトレーニングが必要です。言い換えると、実際に起こりうる場面を想定してそれを乗り越える練習をしなければ行動は変容しづらいということになります。大抵の子どもたちは、当たり前の生活経験のなかで、周りの大人や友だちの様子を見ながら自然と身につけることができます。しかし、見よう見まねでは学びきれない子どももいます。そこで、トラブルが起きる前に事前にスキルを身につける練習をしておこう、というわけです。

　「ことばより先に手が出てしまう子」の行動を見ていると、行動のレパートリーが極端に少ないことに気づかされます。自分が思い通りにいかない状況に置かれたとき、今までとっていた行動ではうまくいかないということに気づき、行動を修正し、再度挑戦するということがなかなかできません。

Case 21

　自己を客観的に見つめなおす力、行動を自ら修正する力、再挑戦する力は、いろいろな行動レパートリーを「手持ちのカード」としてもっているからこそ発揮できます。しかし、「ことばよりも先に手を出す」という強力なカード1枚が支配的なために、それらの力がなかなか発揮されずにとどまっている状態なのだと、考え直すことが必要です。

　ソーシャルスキルの指導に関する専門家である佐藤容子先生（宮崎大学）によれば、友だち関係づくりがどんなに上手な子でも2回に1回は失敗しているのだそうです。つまり、新しい集団に「入れて」とか「一緒にいい？」と言って輪のなかに入ろうとしても、50％の確率で入れてもらえないのだと言います。

　では、友だち関係づくりのうまい子は、苦手な子とどこが違うのか……。それは行動レパートリーの豊富さだということです。そのグループに入れなかったときに以下のような、いくつもの"代替案"が用意されているのだそうです。

①いきなり入らずウロウロと回りながらタイミングを見計らうようについていく。
②活動の切れ目や、ドッと笑いが起きたときに「仲間に入れて」とタイミングよく言う。
③それでも駄目なときは、前に回りこんだり、遊びに夢中になっている友だちの肩をトントンとたたいたりして注意を向けさせる。
④「次に遊ぶの、予約ね」と後から加わることを予告する。
⑤あきらめて他のグループに行く。　　　など

代替案が用意されていない場合、「拒否された」「無視された」「嫌がられた」と感じざるを得なくなります。しかも、せっかく「入れて」と意を決して話しかけたのにそれが成功しないなんて……という状況であれば、なおさら自分のレパートリーである「手を先に出す」に固執してしまうのも無理はないと思います。

　大切なのは、「手を出す」行動を叱ることではなく、「手を出さなくても済む」行動のレパートリー増やしです。そのために、練習が必要なのです。

　そうした対人関係スキルは、トレーニングによってある程度は向上します。しかし、実際の場面で、友だち関係（大人であれば身近な人との人間関係）のなかで使えて成功した、という体験がなければ、自信をもって使いこなせるようにはなりません。だからこそ、家庭や専門機関などの場でのソーシャルスキルトレーニングを通して、その力の「芽」を育てると同時に、「花」を咲かせる土壌が日常の社会や学校に必要なのです。

　クラスがギスギスした雰囲気だと、トレーニングで身につけたスキルが発揮できずに終わることも少なくありません。場合によっては、せっかくのスキルをからかわれてしまい、それに対し本気になって怒ってしまうため、ますます面白がられてしまうという被害者になることも決して少なくありません。

　そのように考えると、「友だちの成長を待ってあげられる」という行動のカードを、みんながスキルとして身につけておく必要があるのかもしれませんね。

Case 22

ことばよりも先に
手が出てしまう子 ❷

　前回は、「ことばより先に手が出てしまう子」のつまずきの背景について、対人関係スキルという視点から述べました。今回はもう少し踏み込んで「どうしてことばよりも先に手が出てしまうのか」を考えます。

　結論から先に言ってしまうと、「感覚の使い方のつまずき」と表現できると思います。特に、「触覚」の使い方が未発達な状態であることが多く、専門的な用語を用いると「触覚防衛反応」が強い状態であると言えます。

　耳慣れないことばかもしれないので、ごくごく噛み砕いて説明します。私たち人間には、実は2通りの触覚があるのをご存じでしょうか。一般的に触覚は物を触り分けたり（たとえば、バッグのなかから見ないで携帯電話だけ取り出すなど）、自分のからだのどの位置に触れているかを感知したりといった機能をもつ感覚として知られています。これをひとまず「一般的な触覚」と呼びたいと思います。

　その一方で、気配を察して行動をコントロールする触覚の機能もあるのです。イメージしてみてください。あなたは、仕事や買い物を終えた帰り道、なぜか道に迷い街灯のない暗闇の多い道に出てしまいました。もと来た道を戻ると確実に時間をロスしてしまう。この暗闇を抜け切るしかないと判断し

たものの、一抹の不安がよぎります。身がまえながら歩を進めると、やがて背後からヒタヒタと同じペースで歩く足音がしはじめ、あなたは歩くペースを上げます。そして、いざ襲われそうになったときに備え、無意識のうちに逃げ込める場所を探そうとしたり、もうダメだというときには攻撃するしかないと考えたり……。

　触れたり、触れられたりしているわけではないのに、気配を察して生命を守ろうとする機能……これが今回のテーマである「触覚の原始的な機能」です。この機能は、動物が生き抜いていくために必要不可欠な触覚で、すべての動物に（たとえば、アメーバのような原始生物にも）備わっています。そして、この触覚の機能を使って、①危険から逃げる、②敵を攻撃する、③餌を取り込む、という３つの行動をコントロールしています。

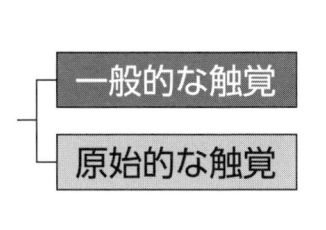

　私たち人間は、「一般的な触覚」が「原始的な触覚」をうまくおさえながら生活しているので、いきなり逃避的になったり、攻撃的になったり、何かを取り込んだりということは通常はありません。だからこそ、満員電車で見知らぬ人と肩が触れ合っていても心配することはないし、初めての場所で行なわれるパーティーにも参加できるのです。これは、乳幼児期、幼少期から知らぬうちに「一般的な触覚」を育てられてきているからにほかなりません。

Case 22

　ところが、感覚の育ち方には個人差があります。(A)「原始的な触覚」が強く出てしまう場合や、(B)「一般的な触覚」が育ちきっていない場合には、前述の3つの行動が出やすくなるのです。具体的に言うと、①いやなこと（物、人、活動）から逃げる、②自分のペースでないと攻撃性が出やすい（パンチとかキックといった人間的な攻撃よりも、噛みつく、ひっかく、爪を立てるといった攻撃が多くなります）、③自分にとって好ましいこと（物、人）を取り込もうとする、といった3つの行動パターンが出やすくなります。

　ことばよりも先に手が出てしまう子の多くに、こうした傾向が見られるのではないでしょうか。自分勝手、わがまま、自己中心的といった評価をされることが多く、時には「憎たらしさ」さえ感じさせるような行動パターンが続くので、家庭でのしつけや育ちが原因といった分析をする教育関係者も少なからずいます。

　自分のペースを乱されたくないのは、こうした触覚の使い方のつまずきに原因の一端をみることができます。こだわりが強い、融通がきかない、精神的・情緒的に不安定などといった行動特徴の背景に、こんな事情があったのか！　と理解すると、指導もおのずと変わってきます。

　私は、小・中学校、幼稚園、保育園、学童保育（場合によっては家庭から直接というケースもあります）などからの相談依頼を受ける立場ですが、今回取り上げたケースの子は、「コミュニケーション能力の拙さ」を心配する先生からの相談が多くなります。プライドの高い子であれば、失敗を避けようと見ただけで近寄ろうとしない、行動やことばで「予防線」を張ることが多いようです。自分からはベタベタとすり寄ってくるのに、他人が近づきす

ぎると手で押しのけようとするといった行動の特徴があります（89ページイラスト参照）。女性の先生に甘える傾向も強いです。

　授業中であれば「集中の持続の短さ」があらわれやすくなります。文房具などを使った手遊びが頻繁に見られます。また、指なめ、爪かみ、鉛筆かじりのように、口に物をはこぶ取りこみ行動は、「原始的な触覚」が出てしまいやすい子に多い行動特徴です。

　このような「触覚防衛反応」は、実は赤ちゃんのころから続いています。したがって、多くの場合、お母さんは子育てに大変苦労している（してきた）のだと考えたほうがよいと思います。脇の下を持って抱きあげられることや頬ずりといった愛着行動が取りづらい、「爪切り」「洗髪」「散髪」「歯磨き」「くしで髪をとかす」「食事あとに口の周りを拭く」などの日常生活で必要な育児行為を拒否したがる、といった子育てエピソードを頻繁に耳にします。子育てについての心配をお父さんに相談したところ、「子どもはみんなこんなもの」「俺だって昔はこうだった」とそれ以上取り合ってくれなかったと振り返ってお話されるお母さんも多くいます。

　私たち教育関係者は、そうした育ちの上に今があるのだという認識に立つことが必要なのではないでしょうか。「ことばよりも先に手が出やすい」ことの背景に感覚の使い方のつまずきがあるという事実を理解すれば、少なくとも、①場面に適した行動を丁寧に伝える、②新しい活動や不安が大きい場では予告したり、リハーサルしたりする、③この年齢ならこうできることが当たり前といった見方で子どもを見ないようにする、などの指導上の工夫が増えてくるはずです。

Case 23

わがまま、自分勝手な子

　自分勝手な振る舞いが目立ち、「わがままな子」と見られてしまう子の背景に「触覚の過敏さ（触覚防衛反応：88ページ参照）」があることは案外知られていないようです。

　私たちは、一般に感覚というと、アリストテレスが整理した感覚の5分類にならった「五感」を連想します。いわゆる五感とされる視覚・聴覚・嗅覚・味覚・触覚はすべて、「今、こういう匂いがする」「こういう音が聞こえた」とことばに置き換えることができる感覚です。

　ところが、現在では、ほぼ無意識に使われているために日常ではまず気づかれない（ことばにしにくい）けれども、人間が生きていく上で欠かせない感覚の存在が知られています。これまでに紹介してきた固有受容感覚（31ページ参照）や前庭感覚（28ページ参照）といった感覚は、その代表例です。

　今回のメインテーマである触覚にも、無意識に使われている部分がたくさんあり、これが情緒の安定に関与します。

　88ページの「ことばよりも先に手が出てしまう子❷」のケースでは「一般的な触覚」と「原始的な触覚」という2つの分け方をしましたが、後者の

「原始的な触覚」がふだん無意識に使われている触覚だと言われています。この触覚が敏感に働きすぎると、物や人との接触に不快感を覚え、時に警戒心からわがままな振る舞いをすることがあります。

「黒板を爪でギギギーーーッとひっかく」「アルミホイルを丸めて、口のなかにいれ、奥歯で噛みしめる」などの場面は、大抵の人が思い浮かべただけで不快になるものですが、たとえて言えば、これが日常的に起きている状態だと理解してください。

『自閉っ子、こういう風にできてます！』（花風社）では、著者のニキリンコさんの皮膚感覚の過敏性がとてもわかりやすく表現されています。文中では「雨が皮膚に触れるのが痛い」という感覚を、みんなが感じるようなごく普通の感覚なのだろうとずっと思っていて、宮澤賢治の「雨ニモマケズ」は「雨に打たれるのは痛いけれども、痛さに耐えて頑張ろう」という意味だと解釈していたというエピソードが載っています。

雨をもってすら「痛い」と感じさせてしまうほどの感覚の過敏性……当然のことながら、防衛的な行動様式、防衛的な生き方になるだろうことは想像に難くありません（これが「触覚防衛」と呼ばれる理由です）。受け入れきれない感覚刺激であれば、それから逃げようと攻撃的にもなるでしょう。人によっては、防御的に引っ込み思案的な態度で何とか逃れようとするかもしれません。こうして感覚過敏（感覚防衛）は、情緒の不安定さに大きな影響を及ぼします。

スクールカウンセラーの専門分野である心理学の領域では、情緒の発達は、①愛着行動や信頼関係の構築、②自己肯定感を高める成功体験、といった２

Case 23

つの背景で語られることが多いようです。子どもたちがもつ感覚の特異性にともなう情緒の不安定さは、スクールカウンセラーでもご存知ない方が多いようで、カウンセラーからつまずきの背景に関する意見を求められることも増してきました。情緒不安定さの理由を、簡単に母子関係に帰結させてしまうカウンセラーもまだまだ少なくありません。ぜひ3番目の情緒論として、触覚防衛にともなう情緒の不安定さを加えてくださるようお願いします。

触覚防衛反応の強い子は、あらゆることに関する受容可能範囲が少ないのが特徴なので、かんしゃくもちであることが多いと思います。たとえば、決まった洋服、決まった洗剤、特定の舌触りの食べ物でないと不快感をあらわにします。歯ブラシの仕上げ磨き、洗髪、散髪、爪切り、口の周りをタオルで拭くなど、清潔上必要なことでも、触れられること全般が苦手なために拒否的にふるまいます。したがって、乳幼児期からの「育てづらさ」を、保護者もずっと感じているはずです。結果的に情緒論の1つである「安定した母子関係」も構築しにくくなります。

年長から小学生にかけては、友だちとの関係づくりの難しさとなって表れます。いじめの場面では、いじめる側も、いじめられるターゲットの側も双方とも「触覚防衛反応」を強く示すことが少なくありません。いじめる側は、自分のペースを乱されたくないため、周囲をうまく取り込もうとします。いじめられる側は、常に防御・逃避的な行動を示すことが多く、そこを狙われます。つまずきがある子は、同じつまずきがある子を見つけ出すのがとても早いように感じます。

私が教員採用試験を受けたころは、面接試験の指導の際、「いじめは、いじめる側が100％悪い」という立場に立って質問に答えるように、と指導

されました。でも、多くの学校現場を見せていただいた経験から、今では、「加害者・被害者の心理的な側面に着目するだけでなく、感覚の発達の側面に着目する視点が不可欠である。その多くに感覚の過敏性が関係しているのだが見過ごされている」と理解するようになりました。大学の教職課程においても、感覚発達に関する知識は必要不可欠だと思います。

　最近の子どもたちの遊びを見ていると、触れあって揉まれあうような遊びの機会が少ないように感じています。ゲームも1人1台ずつ持ち寄って遊ぶために、「次は誰それの番」といった協調的な遊びが減少し、同じ場にいながら並行的な遊びをしているという場面を多くみかけます。触覚を自ら育てる根本的な土壌がなくなってきているのではないでしょうか。感覚の未発達さを残したままの子がとても多く、年齢相応の行動やことば遣いができない子の多さの背景にはそうした理由があるのかもしれないと認識することが必要です。

Case 24

リーダーでいたがる子

　クラスのなかの「気になる子」が良い方向に変わっていくためには、①その子自身の成長、②教師や保護者の関わり方の適切さが必要ですが、それらと同様に、③問題となる行動が起きにくいクラス環境の構築が重要な要素になります。せっかく①や②の要件が整ったとしても、③のクラスの雰囲気が台無しにしてしまうということが往々にして見られるからです。

　所沢市教育委員会に所属し、多くの学校や学級の支援をされている阿部利彦先生は、つねづね、支援対象児への直接的な支援もさることながら、まず何よりも「学級の雰囲気づくり」が最優先だという話をされています。というのも、多くの場合、本当に支援が必要な子の周辺に、その子に大きな影響を及ぼす子の存在があるからです。わざと刺激してからかう子や、不適切な行動を真似する子、などがそれにあたります。

　からかいの表舞台にはなかなか登場しない賢い子の存在も忘れてはいけません。阿部先生の整理を引用すると、「興奮しやすい子をわざと興奮させておいて、その子がパニックになると速やかにその場から立ち去る。そうすると、教師が駆けつけたとき、さもその子だけが１人で騒いでいるかのような状況がつくりだされる。中学生くらいになると、自分でそういう状況をつくっておきながら、教師の前ではパニックになっている生徒をなぐさめてみた

り、かばうような発言をしてみせたりする巧妙な生徒が出てくる」(阿部利彦、「いいところ」応援計画のすすめ、月刊障害児教育 2007 年 6 月号、6 ～ 15 ページより引用)。阿部先生の講演会では、こうした子はクラスのなかの「影の司令塔」として紹介されます。

　「影の司令塔」は、クラスのなかではリーダー格で、先生からも一目置かれる存在であることが多いようです。先生方の目が節穴だというつもりは毛頭ないのですが、巡回相談で先生方とお話をすると、「まさか彼(彼女)が……。そんなことをする子じゃありません」といった返答が少なくありません。

Case 24

　私が見てきた限りでは、影の司令塔の「芽」のようなものは、幼児期から確実に表れています。こんな様子が見られることが多いのではないでしょうか。

①自分がコントロールしやすい子たちを選んで、「親友」と呼び、リーダー的に振る舞う。
②同学年のなかでは比較的口が達者で、困っている子の気持ちを代弁しようとしたり、トラブル場面の状況を本人に代わって説明しようとしたりする。
③自分の得意分野を武器に、「じゃあ、これから〇〇テストね」とテストをもちかけ、優位さを相手に示し、自分のペースに持ち込む。
④先生の目にはそんな様子の表面的な部分しか目に入らないので、お兄さんお姉さん的な立場だと認識し、頼りにしてしまう。
⑤保護者の目にも、同学年の子たちと比較して「しっかり屋さん」に映る。

自分の立場を維持したい、自分のペースを守りたいというのは、つまずきの1つのサインです。リーダーになりたがる、リーダーでいたがるというのも、本当は支援が必要な子の示すサインなのだと改めて認識する必要があります。特に、「ことばよりも先に手が出てしまう子❷」(88〜91ページ) で示す「感覚 (特に触覚) の使い方のつまずき」が潜在している可能性を考える必要がありそうです。自分のペースを乱されたくないことを、持ち前の賢さでカバーしている状態だと説明すると理解しやすいのではないでしょうか。

　影の司令塔に育つ前に、早めにその子のサインを見抜き、「あなたの頑張りどころはそこじゃないんだよ」と表舞台に引き上げてあげる必要があります。そして、具体的に頑張りどころを示してあげることが大切です。というのも、小学校高学年から中学生のころまでこのつまずきの解決を先送りすると、特定の1人だけをターゲットとして子分のように従え、ほかのクラスメイトとの関係を遮断してしまうかのように2人だけの世界を作ってしまうからです。子分にされたターゲットの子が、自分以外の人と仲良くしはじめると、激しい嫉妬心から、子分の子を執拗に攻撃するようになります。

　はじめのうちは仲が良さそうに見えても、結果的につまずきを見過ごしてしまったがゆえに相手の子が登校しぶりや不登校にまで追いこまれてしまうケースに出会ったことも1例や2例ではありません

　リーダーでいたがる子は、プライドが高い場合も多いでしょうから、頭ごなしに叱らず、じっくり話を聞きながら、ゆっくりと時間をかけて周りと折り合いをつけることを学ばせるというのがポイントになるでしょう。周りが認める頑張りどころでしっかり頑張ってくれたときに、「頼りになる存在」としてよい評価を伝えることも重要だと思います。

Case 25

ボンヤリしがちで自己主張が少ない子

巡回相談で、1つのクラスにとどまってじっくりと子どもたちの行動を見ていると、周りの子どもよりもテンポがゆっくりな子に出会うことがあります。課題に取り組むときにもボンヤリしていることが多く、友だちの動きを見よう見まねしながら、何とかついていっているような印象を受けます。

もう少し細かく行動の特徴をとらえようと見ていると、いろいろなことがわかってきます。共通しているのは、以下のような特徴です。

①先生の指示（特に一斉指示）を聞きとって理解することができていない。
②周りの子からワンテンポ遅れてしまう。
③なんとか自分なりに状況を読み取って行動しても、理解が不完全なため間違ったやり方をしていることがある。
④「それは違うよ」と周りの子から指摘されても、どこが間違っているのかなかなか気づけない。

まとめると「(学年相応に) 臨機応変に対応することが難しい」と整理できると思います。

ところが、こんな様子の子は、担任の先生から見過ごされていることが多いのです。私のほうから担任の先生に様子をたずねると、大抵、このような返答が返ってきます。「特に、困っていないので……」。

　気持ちの表現が少なくおとなしい子は、確かにクラスのなかでは目立ちません。担任の先生としては衝動性が高い子や乱暴な子など、いわゆる目立つ子に目が行きがちです。だからこそ「特に困っていない」という表現になってしまうのだろうと思います。しかし、大人が困っていないだけであって、本当はその子自身が最も困っているはずなのだと理解すべきではないでしょうか。

　よく見ると、確かに困っていないように見えることもあります。クラスメイトのなかに気配りがよくできる子がいて、手伝ってもらっていたり、やり方を教えてもらっていたりしているのです。でも、決してちゃっかりしているというのではなく、むしろ周りの子のほうがもどかしく感じて、つい手を出してしまっているような印象を受けます。

Case 25

　反対に、損な役回りをクラスメイトから押し付けられていることもあります。基本的にまじめで、追い詰められた気持ちをうまく表現できないことも少なくありません。「眠れない」「イライラする」などのメッセージをノートやテストの余白に書いていることもあります。

　周囲が気づかないまま、事態が深刻化する危険性もあり、突然の欠席や、大人を急に避け始めたとき、表情が虚ろな状態などの場合は、緊急な対応が求められます。

　そこまで追い込まれないようにするためにも、普段からまめに声をかけ、「自分に関心をもっている大人」であることをそれとなく示すことが大切です。

　普段から孤立しやすい子の場合は、「心配なことはない？」とたずねても「大丈夫です」と答えることが多いようです。苦しさをうまく表現できないことも考えられますので、質問の仕方に配慮を要します。「どう？」「気になることある？」のような、答えが限定的でない質問は苦手です。「朝、**何を**食べた？」「週末**どこ**に行った？」など、答えを特定できる質問だと会話が続きやすくなります。じっくりと時間をかけて「気持ちに寄り添ってくれる話しやすい大人」になっていきましょう。

苦手な質問の例	・どんなふうに　・どうして ・何かあったら言って
答えやすい質問の例	・いつ　・誰が ・何を　・どこへ

私が見てきた限りで言えば、集団行動上のつまずきに加えて学習上のつまずきもありそうです。特に書かれた文字の稚拙さなどの課題を併せ有していることが多いように思います。

　周りに合わせて臨機応変に行動したり、発言したりするためには、複数の新しい情報を選択して整理する処理能力や、判断力、決断力などが要求されます。これらの力の弱さを感じさせるときには、以下のような配慮が必要です。

①自信をもって取り組めることを一緒に見つける。
②課題の理解にゆっくり時間をかける。
③決定する際の選択肢を絞る。
④ペースが合う友だちとともに行動する。
⑤話し合い活動などの際は、事前にテーマなどを伝え、しっかりと準備してから臨む。

Case 26

キレやすい子

「キレやすい」とか「カッとなりやすい」と言われる子を上手に育てるには、関わる大人側の心構えから見直す必要があります。というのも、キレるには、それなりの原因があるからです。

また、怒りや憤りといった感情そのものは、誰もが持ち得る感情だということも理解しておかなければなりません。

たとえば、自分が大切にしているものをいきなり他人に壊されたり、奪われたりして「冷静でいられる」人がいるでしょうか。また、理由がわからずに叱られたり、怒鳴られたりして、あなたは「落ち着いていられる」自信がありますか。相手の立場と自分の立場を考え何も行動せずにひたすら耐え抜けたとしても、こみ上げてきた怒りや憤りの感情は拭いきれないと思います。

こういった基本的な前提を抜きにして、「キレやすい」という先入観でその子を見てしまうことが少なからずあるのではないでしょうか。実はこれこそが指導上の見えない「落とし穴」になることが多々あります。何かあるごとに「またお前か！」と否定的なことばがその子の背中を追いかける、何もしていなかったとしても「勘違いされるような振る舞いを普段からしているお前が悪い」と話を一方的に打ち切られる。こんな接し方になっていないでしょうか？

指導のポイントは3つあります。1つ目のポイントは、行動の原因は何かと探る姿勢をもつことです。

　キレやすいと言われる子の多くが、状況理解やことばでの場面説明があまりうまくできていません。また、断片的に物事を見ていることが多いので、ところどころ状況を思い出すことを誰かに手伝ってほしいと感じています。「どうしてこんなことしたの？」とか「なぜこんなことするんだ！」と本人に原因を語らせる質問風のことばかけがとても苦手です。きっかけや原因を一緒に探ってくれるような大人の存在を期待している子たちなのだ、そう思ってください。

　問題解決のための2つ目のポイントは、「キレていない場面」に目を向けるということです。

　どんなにキレやすいと言われる子でも四六時中、場面や集団に不適応だという子は、まずいません。巡回相談でその子のもとに行くと、「今日はとても落ち着いていて……」とか、「さっきまで手がつけられなかったのですが、今は大丈夫のようです……」といったことが少なくありません。落ち着いている場面が必ずあるのですが、それが見過ごされやすい子たちなのだ、そう思ってください。

　この2つ目のポイントについては、認知臨床心理の専門家今井正司先生（早稲田大学応用脳科学研究所）が具体的なエピソードを交えながら、重要な視点を投げかけています。

　　「乱暴な子」は何も悪いことをしていないにもかかわらず、「オマエ、今日は悪いことしていないだろうな？」と気分が悪くなるような

Case 26

> ことばかけをされてしまうことがあります。子どもが問題を起こすことを前提にかかわってくる先生の場合は、何を言ってもたいてい効き目がありません。それは、子どもの側からすれば、「あの先生はオレを信用していないから何をやっても無駄だ」とあきらめているからにほかなりません。
> 　（阿部利彦編著『クラスで気になる子の支援　ズバッと解決ファイル』金子書房、2009年、70ページ）

　普段関わる大人が、落ち着いている場面に目を向けてくれること、場面適応しているところを認めてくれること、これだけでも子どもたちの行動が安定したものに変わっていくと思います。

　さて、原因を探り、理解を示す……と言っても、実は私たちには理解しにくい、読みとりにくい原因もあります。そこで、3つ目のポイントが大切になります。それは、本書がこれまでお伝えしてきた「つまずきを読み解くサイン」を知識としてもっておくことです。

　「わがまま、自分勝手な子」（92ページ）でも紹介した「触覚防衛反応」は、キレる原因の中でも最も気づかれにくく誤解が多いサインかもしれませんが、キレやすさへの影響がとても大きいと思います。

　「授業中にカタカタと机や椅子を鳴らす子」（30ページ）では、固有感覚という身体感覚のセンサーが鈍さや、セルフ・モニタリング（自分の行動に注意を向ける機能）の弱さを取り上げていますが、これらもキレやすさに影響をもたらします。

「友だちとのトラブルが絶えない子」(66ページ)では、記憶の弱さがあって「以前にあった類似した経験との結びつけがしにくい」ことや、ことばの使い方の弱さがあって「場面ごと・状況ごとに異なって使われる意味、含みのある言い回しを理解しづらい」こと、情報の取捨選択の力の弱さがあって、「ある状況のなかから、必要な視覚情報・聴覚情報を取り出すことが難しいため、結果的に状況判断が困難になってしまうこと」など、多面的に原因をとらえる必要性を述べています。

これらのほかにも、感情や動機をコントロールするものの1つとしての、脳のなかの神経伝達物質が「キレやすさ」と関係していることがよく知られています。神経伝達物質のなかには、冷静な状態を保とうとする"脳のブレーキ"として働く「セロトニン」という物質があります。セロトニンの分泌を適正なレベルに保つには、「選択的セロトニン再取り込み阻害剤」のような服薬という手法もありますが、学齢期は基本的には、規則正しい生活、食事、運動、睡眠が何より大切だと児童精神領域の専門家の多くが指摘しています。昼夜逆転しやすかったり、三食きちんと食べていなかったりといったことが「キレやすさ」につながる子も多いのです。

そのように考えると、「早寝・早起き・朝ごはん」という学校保健のキャッチフレーズも納得できるものがあると言えそうです。

以上、「キレやすい」と言われる子を上手に育てる3つのポイントをお伝えしました。決して「キレやすい」で片づけず、また、「愛情不足」「しつけ不足」と簡単に結論づけないようにしてください。逸脱的な行為について「そうせざるを得ないのはなぜか」を探る姿勢をもてた大人は、自分の見方、関わり方を変えるようになるはずです。

Case 27

母親に手を上げる子

　親子関係について、少し考えてみます。ここで取り上げるのは、思い通りにならないと母親をたたいたり、けったりする子です。最近、こうした相談のケースが多数寄せられるようになってきました。3歳の子であれば親も受け止めきれるくらいの力加減ですが、そのまま解決を先送りしてしまうと家庭内暴力が激化して警察沙汰になることも決して珍しくありません。

　子どもの状況と親の事情を分けて考えます。まず、子どもの状況からです。子どもはみな、2歳後半ころの段階になると、何を言われても「イヤダ！」、親が先回りしてやってしまおうとすると「ダメ！　ぼくがやる！」という第一次反抗期を迎えます。親としてはちょっと厄介なところもありますが、自己主張の一形態であり、また、自主・自立のエネルギーの源となる「自我」の芽生えでもあるため、誰もが通る道だというある程度の覚悟をしなければなりません。

　自我の芽生えの時期や、そのエネルギーの大きさには、個人差があります。第一次反抗期であっても、それほど聞き分けが悪くならない子もいれば、非常に強い反発を親にぶつける子もいます。それだけ度合いや程度に開きがあります。この第一次反抗期について、作業療法士の木村順先生（療育塾ドリームタイム主宰）は、以下のように定義づけています。

> 第一次反抗期とは…
> ①**自分の立てたルールや秩序**が、
> ②不本意ながら壊される（た）とき、
> ③湧きあがってきた**「怒りや憤り（情緒・情動）」**を
> ④絶対に見捨てられない**安心感＝共感性**がある相手に
> ⑤ぶつける＝**表現する**状況

　「何をやっても見捨てないでいてくれる人」をターゲットにして、「ここまでやっても見捨てないよね」と探りを入れながら、自分の思いを遂げるために反抗するのがこの時期の特徴だというわけです。ターゲットとは誰か？ 大抵の場合、母親です。見捨てない安心感のある人だからこそ、強い甘えの裏返しから強い反発へと発展します。

　その一方で、反抗や反発という手段をとっても要求が通らない相手には、あまり強い態度は出しません。母親には強い口調、激しい反抗を示す子であっても、父親、幼稚園・保育園・学校の先生などの前では素直な子だったりすることが少なくありません。

　今度は親の事情について考えてみます。ターゲットになる母親の共通した特徴は、とても子ども思いです。おおらかで優しいタイプの方がほとんどで、「私の育て方がまずいのかも……」と心のどこかで悩んではいても、みな我が子が大好きと言います。叱り方もとても穏やかで、諭すような口調で話します。どんなに子どもからたたかれても、「もうしないよね」とか「そんなことしちゃダメでしょう」といった優しさあふれる話し方を貫きます。

　時に、要求の激しさに気持ちが滅入ってしまい、「しょうがない」「周り

Case 27

の目が気になるし」「後で暴れられたらもっと困ってしまうから」とすんなり子どもの主張を受け入れてしまう場面も見られます。

　多くの方はこれを「しつけ」の問題だと言うでしょう。もっと厳しく子どもに向き合わなければ！　と思われる方も多いのではないでしょうか。客観的にみればその通りだったとしても、声高に叱れない母親もいるのです。無理なことをやらせても、かえってぎこちない接し方になってしまい、「やっぱり私には向かない。我が子に酷いことをしてしまった。もっと可愛がってあげないと。さっきはごめんね」と、それまで以上に、子どもの自己主張を受け入れてしまうことがあります。

　私は、これは、親子の組み合わせの問題だと思っています。甘えや反発のエネルギーがそれほど強くない子であれば、優しさいっぱいの何でも受容タイプの母親とはきっと友だちのように仲がよい親子でいられるでしょう。でも、甘えや反発のエネルギーが強くて激しい子に、そのような母親像で接してしまうと、「お母さんはどこまでやっても見捨てないな」と逆に見抜かれてしまい、親子の関係がいつの間にか「家来と王様」の関係になってしまっていることが実際にあるのです。

　こうしたケースに対して、「まだ小さいから大丈夫」とか「そのうちわかってくれるわよ」などといったアドバイスをすると、問題を先送りさせ、さらなる状況の悪化をもたらします。暴力行為の深刻化、家の物の破壊行為の過激化……取り返しのつかない成人期のケースに遭遇するたびに、「もっと早ければ」の思いを抱かずにはいられません。「うちの子、ちょっと自己主張のエネルギーが強いかも……」と思われたら、今すぐに、これから示す３つのポイントを踏まえた子育てに切り替えましょう。

①自分でできることは、自分でやらせるようにします。
　「靴下はかせて」「ご飯食べさせて」「ママやってよ」などの要求にも、「自分でできるからやってごらん」という姿勢を貫きとおしてください。
②泣いても騒いでも、動揺した姿を見せません。
　要求が通らないことがわかると、一時的に反発や攻撃的な行動をさらに強めます。それでも動じずに、そんなことしても要求は通らないよ、と淡々と接してください。
③親の要望を聞き入れたときには、即座に「それでいいんだよ」とほめてあげます。
　親の立場からの要望を伝え、子どもが自分の主張に折り合いをつけられる場面を増やしましょう。主導権は親が握ります。

　「諭す」「言い聞かせる」というやり方では体験がともなわないため、母親をたたくことの減少効果は期待できません。また、「ヒステリックに叱る」「高圧的に指導する」というやり方は、そのときはよいかもしれませんが、「相手を言いなりにするためには高圧的に出ればよい」という大人のモデルを示してしまう結果になりかねないので、この方法も適切ではありません。

　母親をたたく子には、「たたく」という手段では何も解決しないということを常に伝えていく必要があります。そのためには、主導権は親にあることを明確にし、強い反発であっても動じずに淡々と接することが大切です。そして、前面に出したい親としての愛情を控え目にし、子どもが自らの力でやり遂げたり、親からの駆け引きに応じてくれたりすることが、将来の自立につながると信じて、子育てに向き合っていただきたいと思います。

Column 「子どもを通して学ぶ」とはどういうことか

1．子どもは一人ひとり、みんな違う

当たり前のことかもしれませんが、子どもは全て、みんな違います。

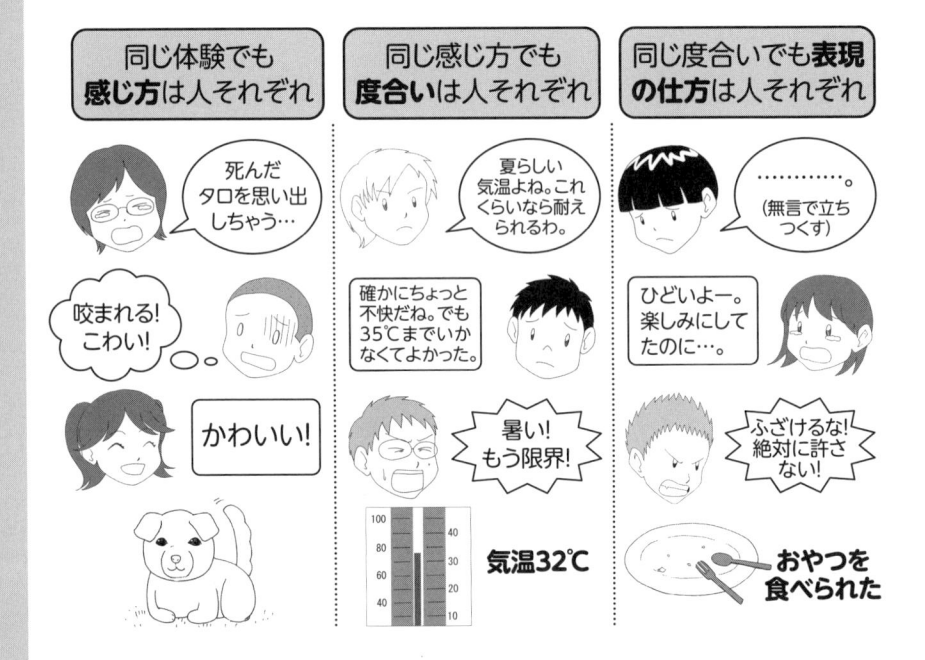

同じ体験でも**感じ方**は人それぞれ	同じ感じ方でも**度合い**は人それぞれ	同じ度合いでも**表現の仕方**は人それぞれ
死んだタロを思い出しちゃう…	夏らしい気温よね。これくらいなら耐えられるわ。	…………。（無言で立ちつくす）
咬まれる！こわい！	確かにちょっと不快だね。でも35℃までいかなくてよかった。	ひどいよー。楽しみにしてたのに…。
かわいい！	暑い！もう限界！	ふざけるな！絶対に許さない！
（子犬）	気温32℃	おやつを食べられた

　たとえば、子犬を見て「かわいい」と思う子もいれば、「怖い、噛まれるかもしれない、近づきたくない」と思う子もいます。以前に飼っていたペットを思い出して急に悲しがる子もいるかもしれません。同じ体験でも感じ方はみんな違います。

感じ方が同じであった場合はどうでしょうか。たとえば、気温32度の蒸し暑い日、みんなが「暑い」と感じるような天候の日。それでも、「もう限界」と訴える子から、「この暑さなら耐えられる」と話す子まで、暑いと感じる度合いが異なります。

　それでは、感じ方も度合いも同じという場合はどうでしょうか。楽しみにしていたおやつを、兄弟に勝手に食べられたことを知ったとき、みんなが「怒り」の感情を「MAX」にするでしょう。同じ状況であるにもかかわらず、Aくんは怒っていることをダイレクトに伝え、Bさんはいつまでも泣きじゃくり、Cくんは無言のまま立ちつくす……。それぞれ表現の仕方が違います。

2．安易な方法論の安売りは、かえって子どもを苦しめる

　あらためて言いますが、やはり子どもは一人ひとり違います。この事実を受け止めることなく教育の話はできません。これまで述べてきたように、子どもを育てることの前提には、徹底した「子ども理解」が必要であり、一朝一夕に手っ取り早くできる教育など存在しません。

　ところが、最近出版されるたくさんの教育・子育て本の内容を見ていると、子どもの個性が考慮されることなく、ただ「こうすればよい」という方法を示すだけのものが決して少なくないように思います。書店の教育書コーナーで、タイトルを眺めていると「簡単にできる……」「誰でもできる……」「明日からできる……」といったマニュアル志向の強いものが並んでいます。

　子ども理解が欠落したまま安易にマニュアルに飛びつくことは、いずれ子どもを苦しめます。「本に書かれている通りにやったのに、うまくいかな

い」という思いを強くした大人は、きっと子どもを責め続けることでしょう。

3．子どもを通して学ぶ

　子育てや教育に関わる大人側に「自分がもっと楽になるために」という気持ちが根底にあると、どんなによい方法でもうまくいきません。「その子のために何とかしたい」「その子のことを伸ばしたい」という飽くなき探求心があってこそ、マニュアルが効果を発揮するのではないでしょうか。特に教師には、現状の力量に満足せず、生涯にわたり、知識と技能を探求し続ける教師であることが期待されていると思います。

　そのためには、マニュアルだけに依存するのではなく、目の前の子どもを通して大人も学ぶ、子どもを通して眼を肥やすという姿勢をもつことが大切なのではないでしょうか。

　筑波大学大学院教授の安藤隆男先生によれば、教師とは、完全な専門職ではないと言います。「専門職であるべく理想型を追求するプロセス（professional development of teachers）」こそが教師の専門性を向上させるとし、教師自身の生涯発達という視点の重要性を述べています。私も、安藤先生と同じ考え方をベースに、子どもたちと接しています。

　「子どもを通して学ぶ」とは一体どのようなことでしょうか。私は、「子どもを、大人を成長させてくれる存在として認めること」だと考えています。子どもから学べる大人は、子ども理解をもっと豊かに、子どもへの働きかけをもっと確かに、子どもの学びをもっと明らかにすることができるのではないかと思うのです。

おわりに

　ある中学校に巡回相談でうかがったときのエピソードです。期末テストの結果を全員に配り終えた先生が、テストの結果が振るわない生徒たちに向けて「しっかり反省してください」とお話しされていました。「テストの結果について反省しなさい」ということばには、「"できないこと"の原因はあなたの努力不足ですよ」というメッセージが込められているように感じます。教育現場はまだまだ、「"できないこと"＝その子のせい」という発想から抜け切れていないように思います。

　こうした発想は、長年にわたって築き上げられた大人側の論理です。子どものつまずきの背景に目を向けなければ、子どもたちが輝けずに自信を失ってしまう……、その事実に気づかせてくれたのは、巡回相談で出会った子どもたちの実際の姿でした。地域の学校や家庭を支援する立場で続けてきた相談業務によって、子どもたちが出し続けているつまずきのサインを、肌で感じることができたのです。彼らがもっている力を十分に発揮し、本来の輝きを取り戻すためには、「努力しないからできない」という誤解や、「叱れば反省し、学習意欲がわくはず」といった思い込みから、大人が一刻も早く脱却する必要があります。

　つまずきのサインが見えてくると、「こんな指導・支援があれば伸びゆくのではないか」と洞察的に考えることができます。また、子どもたちが育つのをじっくり待つこともできるようになります。子どものことがわかり、"心の構え"を大きくすることができれば、世の中の多くの大人たちがもっともっと元気になれるような気がするのです。

本書の内容は、内田洋行教育総合研究所の教育情報サイト「学びの場.com」にて隔週で連載した52本の記事の一部を加筆修正し、また、書き下ろしの文章を加えて、再構成したものです。

　専門用語の使用をできる限り避け、ページレイアウトなど読みやすくしたつもりです。そして、身近な課題として「つまずきのサイン」を受けとめていただけるよう努めました。それでも、私の文章は難しいという批評をいただくことがあるので、うまく伝えられなかった部分があるかと思います。ご容赦ください。

　この本をきっかけに、もっと子どもの行動の背景を知りたいと感じてくださる方が増えれば、本当に嬉しく思います。そして、読者の皆さんの周りに、子育てに悩み苦しむ大人や、自信を失いかけている子どもたちがいたら、ぜひサインを見逃さないようにしていただけることを切に願います。

　最後になりましたが、本書の刊行にあたり当時の原稿の使用をご快諾くださった「学びの場.com」編集長の宝子山真紀様、また、書籍化をご提案くださり、細部にわたり的確なアドバイスをくださった学苑社の杉本哲也様に深謝いたします。

　　平成22年7月

　　　　　　　　　　　　　　　　　　　　　　　　　　　　川上　康則

参考文献

- 阿部利彦『発達障がいを持つ子の「いいところ」応援計画』ぶどう社、2006年
- 阿部利彦『「いいところ」応援計画のすすめ』月刊障害児教育2007年6月号、学研教育出版、2007年
- 阿部利彦編著『クラスで気になる子の支援　ズバッと解決ファイル－達人と学ぶ！特別支援教育・教育相談のコツ－』金子書房、2009年
- ブレンダ・スミス マイルズ、ナンシー・E. ミラー、ルーアン リナー、リサ・A. ロビンズ、キャサリーン・タプスコット クック著、萩原拓訳『アスペルガー症候群と感覚敏感性への対処法』東京書籍、2004年
- キャロル・グレイ著、門眞一郎訳『コミック会話 自閉症など発達障害のある子どものためのコミュニケーション支援法』明石書店、2005年
- 藤川洋子『なぜ特別支援教育か－非行を通して見えるもの－』日本標準、2007年
- ジェニファー・L・サブナー、ブレンダ・スミス・マイルズ著、門眞一郎訳『家族と地域でできる　自閉症とアスペルガー症候群の子どもへの視覚的支援』明石書店、2006年
- 授業のユニバーサルデザイン研究会編著『授業のユニバーサルデザイン〈Vol.1〉全員が楽しく「わかる・できる」国語授業づくり』東洋館出版社、2010年
- 金子晴恵著・宮尾益知監修『はるえ先生とドクターMの苦手攻略大作戦』教育出版、2010年
- 川上康則『感覚を育てる自立活動の指導の実際－触覚過敏の軽減が情緒の安定をもたらす－』特別支援教育No.36、東洋館出版社、2010年
- 川間健之介『食事指導について－偏食は何故起きるか？－』認知発達指導法研究会資料、2007年
- 木村順『育てにくい子にはわけがある』大月書店、2006年
- ニキリンコ『自閉っ子、こういう風にできてます！』花風社、2004年
- 笹森洋樹・佐藤愼二・渡部匡隆編『明日からできる！教室での特別支援教育－新学習指導要領における実践事例集－』別冊教育技術2009年8月号、小学館、2009年
- 佐藤学『学校の挑戦－学びの共同体を創る－』小学館、2006年
- 藤堂栄子『ディスレクシアでも大丈夫！－読み書きの困難とステキな可能性－』ぶどう社、2009年

著者略歴

川上　康則（かわかみ　やすのり）

1974年、東京都生まれ。公認心理師、臨床発達心理士、特別支援教育士スーパーバイザー、日本授業UD学会理事、NHK「ストレッチマン」シリーズ番組委員。立教大学卒、筑波大学大学院修了。現在、杉並区立済美養護学校勤務。肢体不自由、知的障害、自閉症、ADHDやLDなどの障害のある子に対する教育実践を積むとともに、地域の学校現場や保護者などからの「ちょっと気になる子」への相談支援にも携わっている。

●受賞歴
2004年　小学館「わたしの教育記録」特別賞
2005年　第54回読売教育賞（障害児教育部門）最優秀賞
2006年　第5回ちゅうでん教育大賞教育優秀賞
2007年　日本肢体不自由教育研究会金賞

●主な著書
『教室マルトリートメント』（単著、東洋館出版社）、『マンガでわかる　はじめて特別支援学級の担任になったら　教師と子どもが成長する学級経営』（単著、Gakken）『教師の流儀』（単著、エンパワメント研究所）、『子どもの心の受け止め方　発達につまずきのある子を伸ばすヒント』（単著、光村図書）ほか多数

本書は、教育専門Webサイト「学びの場.com」
（http://www.manabinoba.com/）内のコーナー
【教育つれづれ日誌（現役教員たちによるブログ）】に
掲載された文章をもとに加筆・修正したものです。

〈発達のつまずき〉から
読み解く支援アプローチ　　©2010

2010年9月5日　　初版第1刷発行
2024年10月10日　初版第10刷発行

著　者　　川上康則
発行者　　杉本哲也
発行所　　株式会社　学苑社
　　　　　東京都千代田区富士見2-10-2
　　　　　電　話　03(3263)3817
　　　　　ＦＡＸ　03(3263)2410
　　　　　振　替　00100-7-177379
　　　　　印刷製本　藤原印刷株式会社

検印省略　　　　　　　乱丁・落丁はお取り替えいたします。
　　　　　　　　　　　定価はカバーに表示してあります。

ISBN 978-4-7614-0731-5

発達支援
感覚と運動の高次化理論からみた発達支援の展開
子どもを見る眼・発達を整理する視点

池畑美恵子【著】

B5判●定価 2420 円

「感覚と運動の高次化理論」を通した子どもの読み取り方から臨床実践までを整理した1冊。「高次化理論」初学者に最適な書。

発達支援
感覚と運動の高次化理論に基づく教材の活用とかかわりの視点
発達支援スタートブック

池畑美恵子【監修】
冨澤佳代子【編】

B5判●定価 2530 円

「感覚と運動の高次化理論」に基づいた教材・教具・アクティビティを紹介。その活用を通して、子どもの発達の理解や実践の工夫につなげる。

発達障害
こんな理由があったんだ!
「気になる子」の理解からはじめる発達臨床サポートブック

綿引清勝【著】
イトウハジメ【絵】

A5判●定価 1870 円

保育所・幼稚園・小学校等の教育・保育現場や子育てで実践的に活用できるように、つまずきの理解と支援方法が満載。

発達障害
学校や家庭でできる!
SST&運動プログラムトレーニングブック

綿引清勝・島田博祐【編著】

B5判●定価 2090 円

「ソーシャルスキルトレーニング」と「アダプテッド・スポーツ」の専門家が提案する学校や家庭で今日からできる50の実践プログラム。

発達障害
発達障害のある子のパーソナルデザイン
「ぼくにぴったり」のノウハウとコツを見つけて

添島康夫・霜田浩信【編著】

B5判●定価 2420 円

この子にぴったりの活動・学び・やりがいを見つけたい。発達障害のある子が、今、求めている「パーソナルデザイン」。

発達支援
非認知能力を育てる発達支援の進め方
「きんぎょモデル」を用いた実践の組み立て

関西発達臨床研究所【編】
高橋浩・山田史・
天岸愛子・若江ひなた【著】

A5判●定価 2090 円

子どもの充実した成長・発達につながる非認知能力を育てるための「きんぎょモデル」を紹介。笑顔を生み出す楽しい発達支援!

税10%込みの価格です

学苑社 Tel 03-3263-3817　〒102-0071 東京都千代田区富士見2-10-2
Fax 03-3263-2410　E-mail: info@gakuensha.co.jp　https://www.gakuensha.co.jp/